国家自然科学基金面上项目“中心城市国土空间演化的
社会生态风险识别与适应性治理”（42071254）资助

GUANGDONG SHENG TUDI DIAOCHA
JISHU FANGFA YANJIU

# 广东省土地调查
# 技术方法研究

广东省土地调查规划院 编著

**图书在版编目(CIP)数据**

广东省土地调查技术方法研究/广东省土地调查规划院编著.—武汉:中国地质大学出版社,2022.11

ISBN 978-7-5625-5434-9

Ⅰ.①广… Ⅱ.①广… Ⅲ.①土地资源-资源调查-方法研究-广东 Ⅳ.①F323.211

中国版本图书馆CIP数据核字(2022)第200551号

| **广东省土地调查技术方法研究** | 广东省土地调查规划院 **编著** |
|---|---|
| 责任编辑:彭 琳 | 责任校对:张咏梅 |
| 出版发行:中国地质大学出版社(武汉市洪山区鲁磨路388号) | 邮政编码:430074 |
| 电 话:(027)67883511 传 真:(027)67883580 | E-mail:cbb @ cug.edu.cn |
| 经 销:全国新华书店 | http://cugp.cug.edu.cn |
| 开本:787毫米×1092毫米 1/16 | 字数:224千字 印张:8.75 |
| 版次:2022年11月第1版 | 印次:2022年11月第1次印刷 |
| 印刷:武汉中远印务有限公司 | |
| ISBN 978-7-5625-5434-9 | 定价:39.00元 |

如有印装质量问题请与印刷厂联系调换

# 《广东省土地调查技术方法研究》

## 编 委 会

主　任：刘茂国

副主任：龚　健　黄润兴

成　员：周常萍　周松英　李光灿　许　涛

王文渊　刘　成　赵　翔　王振毅

黄　峰　肖　洪

# 前言

当前广东省已进入新的发展阶段，国民经济与社会发展对土地利用和管理提出了更高要求。为了全面查清我省土地利用现状，掌握真实准确的土地基础数据，强化土地资源信息社会化服务，满足社会发展和国土资源管理工作需要，广东省人民政府遵照国务院统一部署，开展了广东省第三次全国国土调查。

科学的土地调查技术方法是土地调查数据质量的坚实保障，因此有必要汇编广东省3次全国土地调查详细流程，介绍前沿技术在土地调查和土地管理领域的应用情况，对比不同时期土地调查技术与方法，总结经验与不足，为土地调查、技术体系改革提出建议，进一步推动我省乃至全国土地调查技术的发展和创新。本书共分为6章，主要由刘茂国、龚健、黄润兴编著并统稿，其余人员依分工参与撰写工作。

第一章详细阐述了广东省历次土地调查总体情况。主要介绍了广东省开展的第一次全国土地调查、第二次全国土地调查、第三次全国国土调查（分别简称“一调”“二调”“三调”）的历史背景、目标与任务、调查技术依据与标准、调查技术路线。本章由刘茂国、李光灿、肖洪负责撰写。

第二章详细介绍了广东省历次土地调查中的外业调查环节。其中，“一调”外业调查包括一般外业调查和军用土地利用现状调查。“二调”外业调查包括权属调查、农村土地调查、城镇土地调查。“三调”外业调查包括权属调查、农村土地利用现状调查、城镇村内部土地利用现状调查、海岛调查、专项用地调查与评价。本章由刘茂国、龚健、王文渊、刘成、王振毅负责撰写。

第三章介绍了广东省历次土地调查中的数据生产与更新环节。其中，“一调”数据生产与更新主要是在外业调绘的基础上，对调查结果进行土地面积量算，进而进行市级数据汇总与省级数据汇总。“二调”数据生产与更新主要包括调查底图生产制作、控制界线制作与控制面积计算、田坎系数测算、坡度图制作、县级数据库建设等工作。“三调”数据生产与更新主要包括基础数据和资料收集、正射影像底图生产、调查界线采集处理、坡度图生产、省级数据库建设和县级数据库建设。本章由龚健、黄润兴、李光灿、赵翔负责撰写。

第四章介绍了广东省历次土地调查中的成果质量控制，系统展示了广东省从“一调”到“三调”的成果质量控制过程。其中，将“一调”成果质量控制分为市级成果质量控制和省级成果质量控制两部分进行描述。“二调”成果质量控制执行“二查一验”的制度，笔者主要介绍了“二调”成果质量控制体系以及“二调”外业和内业的成果质量控制具体过程。在各阶段工作的质检环节中，为保证对生产质检一体化更进一步地实施“分阶段、全过程”的质量管控，“三调”成果质量控制主要包括省级初始库生产质量控制、外业调查举证结果省级核查、外业调查举证成果省级外业抽查、国土调查数据库成果省级核查、质量保障措施等内容。本章由刘茂国、周常萍、周松英、许涛负责撰写。

第五章介绍了广东省历次土地调查的成果以及成果应用，详细列举了广东省“一调”“二调”“三调”的具体成果格式以及成果内容，还详细介绍了广东省“一调”“二调”“三调”的成果管理措施，最后分别展示了广东省“一调”“二调”“三调”成果的具体应用。本章由黄润兴、王文渊、黄峰负责撰写。

第六章为总结与展望，笔者对比分析并总结了广东省历次土地调查技术方法，着重介绍了广东省“三调”技术发展。最后，在此基础上对广东省土地调查工作进行展望，为广东省后续国土空间管理等相关工作提供技术支撑和保障。本章由周常萍、周松英、许涛负责撰写。

在本书的编撰过程中，笔者查阅了大量国家级和省级相关规程、规范、标准等资料，引用了行业内一些重要的指导性文件内容，在此谨向相关部门和同行致以衷心的感谢。

广东省土地调查规划院

2022 年 10 月

# 目录

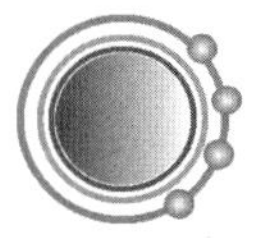

# 第一章 绪 论

土地调查是一项重大的国情国力调查，是查实查清土地资源的重要手段。土地调查的目的是全面查清当前全国土地利用状况，掌握真实准确的土地基础数据，健全土地调查、监测和统计制度，强化土地资源信息社会化服务，满足经济社会发展和国土资源管理工作需要。掌握真实准确的土地基础数据，是推进国家治理体系和治理能力现代化、促进经济社会全面协调可持续发展的客观要求，是加快推进生态文明建设、夯实自然资源调查基础和推进统一确权登记的重要举措，是编制国民经济和社会发展规划、加强宏观调控、推进科学决策的重要依据，是实施创新驱动发展战略、支撑新产业新业态发展、提高政府依法行政能力和国土资源管理服务水平的迫切需要，是落实最严格的耕地保护制度和最严格的节约用地制度、保障国家粮食安全和社会稳定、维护农民合法权益的重要内容，是科学规划、合理利用、有效保护国土资源的基本前提。

## 第一节 广东省土地调查的历史沿革

### 一、广东省第一次全国土地调查

长期以来，我国土地资源家底不清，现有耕地面积数据不实，在草地、水域和各项建设用地方面也缺乏准确的统计数据。由于这种状况与我国经济建设的需求很不适应，亟须进一步查清土地资源。为了摸索土地利用现状详查的经验，1982 年我国在农区、牧区、城市郊区和丘陵区分别选择了 9 个不同类型的县(市、区、旗)，采用更大比例尺图件开展了详查试点工作；少数省、市亦开展了一些详查工作。详查结果表明：耕地、草地、水域等面积数据普遍不实，林地资源最近几年也有很大变化，很有必要开展一次全面统一的详查工作。

1984 年 5 月，国务院批转农牧渔业部、国家计委[①]等部门发布的《关于进一步开展土地资源调查工作的报告》，文中提到的准确的人口和土地数据资料，是编制国民经济计划、制定有关政策的重要依据。目前我国人口数据已经查清，而对土地资源“家底”还不完全清楚。为此，国务院决定进一步开展土地资源调查工作。

---

① 国家计划委员会即国家计委，成立于 1952 年。经国务院机构改革，现更名为国家发展和改革委员会，简称国家发改委。

广东省于1984—1996年开展了第一次全国土地调查工作。该调查历时13年，投入大量人力、物力，基本查清了广东省城乡土地权属、地类面积以及分布情况，结束了长期以来土地资源“家底”数量不实的状况。

## 二、广东省第二次全国土地调查

从1996年开始，广东省每年都按国家相关要求开展土地变更调查工作，形成年度土地更新调查成果，基本上保持了土地利用现状资料的现势性。这些土地利用现状资料的收集和运用，为全省加强宏观经济管理提供了重要的基础数据，特别是在编制土地利用总体规划、实施土地用途管制、审批建设用地、保护耕地和基本农田等方面发挥了重要作用。但是，随着近年来经济建设和社会各项事业快速发展，特别是城市化、工业化进程和农业产业结构调整步伐的加快，以及土地开发整理力度的加大和乡镇区划的不断调整，城乡土地利用现状已经发生了很大变化，现有的城镇、村庄地籍调查成果资料、基础图件、数据与土地利用现状差别较大，已严重制约了土地利用规划、计划的实施以及耕地和基本农田保护工作的推进，影响了政府对土地的管理调控。此外，由于受调查经费投入、人员队伍和技术手段、制度建设等方面条件的制约，加之人为因素的干扰，数据和图件不能全面、准确地反映土地利用现状，当前成果存在信息化程度不高、更新不及时、应用不广泛、社会化服务不充分等问题，已不能满足土地管理工作的要求。

随着现代科学技术的进步，航空航天遥感技术和全球定位技术大大提高了土地信息获取的效率和准确性，地理信息系统技术、计算机网络与通信技术的进步使土地信息的获取、存储、更新、传输和共享服务等功能更趋完善。土地调查已经进入航空航天遥感技术、地理信息系统技术与地面调查技术相结合的综合调查和监测的新阶段，以定位精确化、获取实时化、处理智能化和服务网络化为特征的信息化调查技术体系发展迅速。但是，当前的土地调查仍处于传统技术向现代技术转变的过渡阶段，土地调查技术体系建设刚刚起步，准确化、实时化的土地调查技术和流程尚未得到广泛应用，因此发展与完善土地调查技术体系，形成具有现代化装备、技术优化、科学适用的土地调查技术与方法是当前土地科学技术发展的关键之一。我们十分有必要顺应科学技术发展的趋势，学习和借鉴成熟的技术方法，通过广东省第二次全国土地调查工作的实践，进行土地调查技术与方法的探索，积极创新土地调查技术，提升土地调查技术水平。

广东省第二次全国土地调查工作于2007年正式启动，全面查清了广东省土地利用状况，掌握了真实的土地基础数据，并对调查成果实行信息化、网络化管理，建立和完善土地调查、统计制度和登记制度，实现土地资源信息的社会化服务，满足经济社会发展、土地宏观调控及国土资源管理的需要。

## 三、广东省第三次全国国土调查

由《中华人民共和国土地管理法》《土地调查条例》有关规定可知，国务院决定自2017年起开展第三次全国国土调查。

2017年12月4日，广东省人民政府发布《广东省人民政府转发国务院关于开展第三次全国土地调查的通知》（粤府〔2017〕127号）（简称《通知》），正式启动广东省第三次全国国土调查工作。《通知》指出，开展第三次全国国土调查是查实查清广东省土地利用现状的重要基础性工作。各地、各有关部门要高度重视，严格按照《国务院关于开展第三次全国土地调查的通知》（国发〔2017〕48号）的任务安排、时间节点和工作要求扎实落实调查工作，要将第三次全国国土调查必需的工作经费纳入财政预算，确保调查工作顺利进行。

相较于"二调"和年度土地变更调查，"三调"是对"已有内容的细化、变化内容的更新、新增内容的补充"。各地要严格按照《土地利用现状分类》（GB/T 21010—2007）和《第三次全国国土调查工作分类》（简称《工作分类》），实地认定地类，确保地类不重、不漏、全覆盖，发挥"三调"在自然资源调查中的基础性作用。在对存在复合管理需求交叉的耕地、种植园、林地、草地、养殖水面等地类进行利用现状、质量状况和管理属性的多重标注基础上，同步推进相关自然资源专业调查工作。

## 第二节 土地调查的目标与任务

### 一、"一调"的目标与任务

广东省"一调"的目标与任务是：查清土地的类型、数量、分布、利用状况并做出科学的评价，为正确分析农业生产水平、合理制订用地指标、制定国民经济计划和有关政策提供科学的依据；为农业区划、国土整治和规划，因地制宜指导农业生产，建立土地统计、登记制度，全面管理土地等多项工作服务。

### 二、"二调"的目标与任务

#### （一）"二调"的目标

广东省"二调"的目标是：全面查清目前广东省土地的地类、位置、范围、面积、分布等利用状况，掌握真实的土地基础数据，建立和完善土地调查、统计和登记制度，实现土地资源信息的社会化服务，为科学规划、合理利用、有效保护国土资源和实施最严格耕地保护制度提供准确的基础数据，满足经济社会发展及国土资源管理的需要。

#### （二）"二调"的主要任务

广东省"二调"的主要任务：开展农村土地调查，实地调查变化地块的地类和面积，查清全省农村各类土地的利用状况；开展城镇土地调查，掌握城市建成区、县城所在地建制镇的城镇土地利用状况；开展基本农田状况调查，查清全省基本农田状况；建设土地利用数据库和地籍信息系统，实现调查信息的互联共享。同时，在调查的基础上，建立土地资源变化信息的调查统计、及时监测与快速更新机制。具体任务如下。

### 1. 农村土地调查

农村土地调查是指对城市、建制镇以外的土地进行调查。按照调查内容，农村土地调查分为农村土地利用现状调查和农村土地权属调查两个部分。

(1)农村土地利用现状调查。在全省范围内利用“3S”技术[①]等先进技术，以2001年开始进行的土地利用更新调查、土地利用数据库建设和农村土地登记发证工作的成果为基础，将成像时间为2005年以来的遥感正射影像图作为辅助资料，以1∶1万比例尺为主，以县(市、区)为基本单位，按照统一的土地调查技术标准，实地调查城镇以外的变化地块的地类、位置、范围、面积、分布等利用状况，查清全省耕地、园地、草地、林地、农村居民点等各类土地的分布和利用现状。

(2)农村土地权属调查。农村土地权属调查的主要目标是查清农村集体土地所有权和公路、铁路、河流以及农、林、牧、渔场(含部队、劳改农场)等国有土地的使用权状况。充分利用土地调查成果，可加快推进农村集体土地所有权和国有土地使用权登记发证工作。

### 2. 城镇土地调查

城镇土地调查是指对城镇范围以内的土地开展大比例尺调查。具体调查内容：依据地籍调查技术规程，充分利用已有地籍调查成果，查清城镇内部建设用地的使用权状况，确定城镇内部每宗土地的界址、范围、界线、数量、用途等。通过汇总分析，可掌握工业用地、基础设施用地、金融商业服务用地、房地产用地、开发园区等土地利用状况。

### 3. 基本农田调查

基本农田调查是指依据土地利用总体规划，按照基本农田保护区(块)划定和调整资料，将基本农田保护地块(区块)具体情况绘制到土地利用现状图上，统计汇总出各级行政区域内基本农田的分布、面积、地类等状况，并登记上证，造册。

### 4. 各级土地调查数据库建设

土地调查数据库包括农村土地调查数据库和城镇土地调查数据库。

(1)建立三级农村土地调查数据库及管理系统。按照土地利用数据库建设标准，在土地利用更新调查所形成的全省土地利用数据库及管理系统成果基础上，以县(市、区)为单位，用本次调查形成的遥感影像、正射影像图，土地利用现状、土地权属、基本农田等数据对现有土地利用数据库进行更新和完善，建立集影像、图形、属性、文档等于一体的农村土地调查数据库和管理系统，满足县级日常变更等业务需求；以市为单位，结合市级管理模式，构建市级土地调查数据库，满足市级国土资源日常管理需求。在市、县级农村土地调查数据库建设基础上，通过全面整合，建立省级土地调查数据库，满足省级国土资源管理对土地基础数据的需求。另外，还可在各级数据库之间提供访问和调用接口，以满足数据上传、接收、交换、备份、更新维护、日常应用等工作需求。

---

① “3S”技术是遥感技术(remote sensing，RS)、地理信息系统(geographic information system，GIS)和全球定位系统(global positioning system，GPS)的统称。

(2)建立市、县城镇土地调查数据库及管理系统。各市、县按照城镇地籍信息系统建设有关技术标准和要求,以市、县为单位,组织建立城镇土地调查数据库及管理系统,对市、县地籍调查和地籍测量结果的图形数据、宗地属性以及各种表、卡、册等数据信息进行集中管理,并提供编辑录入、查询统计、日常变更、制图输出、登记发证以及办公流程等管理功能,满足日常业务及管理需求。

**5. 成果汇总**

(1)数据汇总。在建立土地调查数据库的基础上,逐级汇总各级行政辖区内的各类土地利用数据以及基本农田和城镇建设用地等数据,形成各级行政辖区内的综合及专题调查汇总成果。

(2)图件编制。利用数据库管理和计算机辅助制图等技术,采用缩编等手段对土地调查图形数据进行整理,编制出省、市、县级系列土地利用图件、图集和各种专题图件、图集等。

(3)成果分析。根据土地调查结果,结合相关资料信息,开展土地利用状况分析。具体分析内容:对耕地、基本农田等各类土地的数量、分布、利用结构及其变化状况进行综合分析,评判土地利用的集约节约程度,预测变化趋势,为挖掘土地开发潜力、节约集约用地资源提出建议;各级国土资源管理部门根据土地调查及分析结果编制“二调”报告。

**6. 变更调查工作**

为保持成果的现势性并满足国家土地调查成果统一时点的要求,广东省在全面完成农村土地调查工作后,开展土地变更调查工作,将土地调查成果时点更新至2009年10月31日,逐级汇总土地调查成果并上报。

## 三、“三调”的目标与任务

### (一)“三调”的目标

广东省“三调”作为一项重大的国情国力调查,目标是在“二调”成果基础上,全面细化和完善全国土地利用基础数据,掌握翔实的全省土地利用现状和国土资源变化情况,进一步完善土地调查、监测和统计制度,实现成果信息化管理与共享,满足广东省生态文明建设、空间规划编制、供给侧结构性改革、宏观调控、自然资源管理体制改革和统一确权登记、国土空间用途管制、国土空间生态修复、空间治理能力现代化和国土空间规划体系建设等各项工作的需要。

### (二)“三调”的主要任务

广东省“三调”的主要任务是全面查清全省陆地国土的土地利用状况和土地权属状况,建设各级土地调查数据库,并实现调查成果的信息化管理和互联共享。主要任务如下。

**1. 土地利用现状调查**

土地利用现状调查包括农村土地利用现状调查和城市、建制镇、村庄(简称“城镇村庄”)

内部土地利用现状调查。

(1)农村土地利用现状调查。以县(市、区)为基本单位,以国家统一下发的调查底图为基础,按照统一的土地调查技术标准并充分衔接林地变更调查成果,实地调查每块图斑的地类、位置、范围、面积等利用状况,查清全省耕地、园地、林地、草地等农用地的数量、分布及质量状况,查清城市、建制镇、村庄、盐田及采矿用地、特殊用地、交通运输、水域及水利设施用地等各类土地的分布和利用现状。

(2)城镇村庄内部土地利用现状调查。充分利用高分辨率正射影像图、大比例尺地形图、地籍调查、地理国情普查、不动产登记及城镇规划等成果,对城镇村庄内的土地利用现状开展细化调查,查清城镇村庄内部商服、工业、仓储、住宅、公共管理与公共服务和特殊用地等地类的土地利用状况。

**2. 土地权属调查**

土地权属调查是指结合全国农村集体资产清产核资和集体土地所有权数据库成果更新工作,将城镇国有建设用地范围外已完成的农村集体土地所有权确权登记和国有土地使用权登记成果落实在土地调查成果上,对发生变化的开展补充调查。

**3. 专项用地调查与评价**

专项用地调查与评价是指基于土地利用现状、土地权属调查成果和国土资源管理形成的各类管理信息,结合国土资源精细化管理、节约集约用地评价及相关专项工作的需要,开展系列专项用地调查评价。

(1)耕地细化调查。重点对河道、湖区、林区范围内的耕地开展细化调查,分类标注,摸清各类耕地资源家底状况,夯实耕地数量、质量、生态“三位一体”保护的基础。

(2)批准未建设的建设用地调查。将新增建设用地审批界线落实在土地调查成果上,查清批准用地范围内未建设土地的实际利用状况,为持续开展批后监管、促进土地节约集约利用提供基础。

(3)耕地质量等级调查评价和耕地分等定级调查评价。在耕地质量调查和评价的基础上,将最新的耕地质量等级调查评价和耕地分等定级评价成果落实到土地利用现状图上,对评价成果进行更新完善。

**4. 各级土地利用数据库建设**

(1)建立各级土地调查及专项数据库。依据国家编制的数据库标准及建库规范,以县(市、区)为单位核实完善省级预判信息,并以此组织开展县级土地调查数据库、耕地细化调查专项数据库、建设用地专项数据库、耕地质量等级和耕地分等定级专项数据库及其数据库管理系统建设,实现对城镇和农村土地利用现状调查成果、权属调查成果和专项调查成果的综合管理。以县级各类数据库成果为基础,组织建设省、市级土地调查数据库、专项调查数据库及其管理系统,实现土地调查成果和专项调查成果的集成管理、动态入库、综合查询、统计汇总、数据分析、快速服务等功能。

(2)建立各级土地调查数据及专项调查数据分析与共享服务平台。基于三级土地调查与专项调查数据库，建设从县（市、区）到省的土地调查数据综合分析与服务平台，实现土地调查数据、专项调查数据与土地规划、基础测绘等各类基础数据的互联互通和综合分析应用，结合自然资源管理和国土资源管理需要，开发相关应用分析功能，提高“三调”成果对管理决策的支撑服务能力。

**5. 成果汇总分析**

（1）数据汇总。在土地调查数据库和专项数据库基础上，逐级汇总各级行政区划内的城镇和农村各类土地利用数据及专题数据。

（2）成果分析。根据“三调”数据，并结合“二调”及年度土地变更调查、林地变更调查等相关数据，开展土地利用状况分析，编制“三调”分析报告。

（3）数据成果制作与图件编制。基于“三调”数据，制作系列数据成果，编制省、市、县各级系列土地利用图件、图集和各种专题图件、图集等。

### 四、小结

在3次大的调查历程中，土地调查的内容从基础土地利用调查逐渐扩展至国土空间全面详查；调查精度从较低的“缺什么补什么”转变为全面细化的高精度调查，有利于我们进一步掌握更加翔实的全省土地利用现状和土地资源变化情况。“三调”工作在不断完善土地调查、监测和统计制度的同时，实现了调查成果的信息化管理与共享，进一步满足了广东省生态文明建设、空间规划编制、供给侧结构性改革、宏观调控、自然资源管理体制改革和统一确权登记、国土空间用途管制等各项工作的需要。

## 第三节 土地调查的技术依据与标准

土地调查是摸清我国土地“家底”的国情国力调查，也是进一步加强和改善土地管理的基础工作。土地调查依据是科学、有效地开展土地调查的前提，是合理规范、有效监督土地调查的重要依据，是保障全面查清我国土地利用状况和掌握真实、准确、及时的土地基础数据的重要手段。

### 一、土地调查依据

#### （一）广东省“一调”依据

广东省“一调”依据为：①《国务院批转农牧渔业部、国家计委等部门关于进一步开展土地资源调查工作的报告的通知》（国发〔1984〕70号）；②《国家测绘局关于贯彻落实国务院批转〈关于进一步开展土地资源调查工作报告〉的通知》（〔1984〕测发字第308号）；③《广东省人民政府关于开展土地资源详查工作的通知》（粤府〔1984〕205号）；④《下达全国土地利用现状调查用图规划》（〔1985〕国测发字第86号）；⑤《全国区划委员会专业组关于印发〈土地利用现状调查技术规程〉补充规定和说明的通知》(〔1987〕国土〔专〕字第 2 号);⑥《国家土地管理局、国家统计局关于执行一九八八年土地统计报表制度的通知》(〔1988〕国土〔籍〕字第92 号统农字〔1988〕257 号);⑦《中国人民解放军总后勤部关于印发〈军用土地利用现状及地籍调查技术规定〉(试行)的通知》(〔1988〕后营字第 275 号);⑧《民政部、国家土地管理局、国家测绘局关于印发〈省、自治区、直辖市行政区域界线勘定办法(试行)〉的通知》(民行发〔1989〕51 号);⑨《国家土地管理局关于印发〈日常地籍管理办法〈农村部分〉(试行)〉的通知》(〔1992〕国土〔籍〕字第 8 号);⑩全国土地资源调查办公室印发的《关于土地详查工作中必须十分重视境界接边的通知》(〔1992〕国土〔土资办〕字第 14 号);⑪全国土地资源调查办公室印发的《关于在土地利用现状调查工作中应该注意两个问题的通知》(〔1992〕国土〔土资办〕字第 17 号);⑫《广东省国土资源厅办公室关于审定公布我省耕地扣除系数标准的通知》(粤国土办字〔1992〕20 号);⑬《国家土地管理局关于印发〈全国土地利用现状调查地(市)级汇总技术规则〉的通知》(〔1993〕国土〔籍〕字第 58 号);⑭《广东省国土资源厅关于我省耕地扣除系数的通知》(粤国土(地籍)字〔1994〕11 号);⑮《国家土地管理局关于印发〈土地利用现状调查省级汇总技术规程〉的通知》(〔1994〕国土〔籍〕字第 93 号);⑯《国务院办公厅转发国家土地管理局关于加快土地利用现状调查汇总工作意见的通知》(国办发〔1994〕95 号);⑰全国土地资源调查办公室印发的《关于进行大陆海岸线、滩涂界线和岛屿复核的通知》(〔1995〕国土〔土资办〕字第 5 号);⑱国家土地管理局发布的《关于印发〈土地利用现状遥感调查省级汇总技术规程〉第四章“图件编制”补充规定及 1∶50 万土地利用现状图式的通知》(〔1995〕国土〔籍〕字第 42 号);⑲《转发国家土地管理局关于申报建设项目用地中土地类别划分的通知》(粤国土(建用)字〔1995〕128 号);⑳国家土地管理局印发的《关于土地详查省级汇总检查验收有关问题的通知》(〔1996〕国土〔籍〕字第 65 号);㉑国家土地管理局印发的《关于开展土地利用遥感动态监测试验的通知》(〔1996〕国土〔籍〕字第 67 号);㉒国家土地管理局印发的《关于完成全国土地普查将土地详查数据变更到 1996 年 10 月 31 日同一时点的紧急通知》(〔1996〕国土〔籍〕字第 109 号);㉓国家土地管理局印发的《关于进行一九九六年同一时点全国土地详查成果数据审核汇总的通知》(〔1996〕国土〔籍〕字第 200 号);㉔国家土地管理局印发的《关于加快土地详查省级汇总工作进度的通知》(〔1997〕国土〔籍〕字第 77 号)。

### (二)广东省“二调”依据

广东省“二调”依据为:①《国务院关于开展第二次全国土地调查的通知》(国发〔2006〕38 号);②《广东省人民政府转发国务院关于开展第二次全国土地调查的通知》(粤府〔2007〕24 号);③《第二次全国土地调查实施方案》(国土调查办发〔2007〕3 号);④《国务院第二次全国土地调查领导小组办公室关于印发〈第二次全国土地调查实施方案〉的通知》(国土调查办发〔2007〕7 号);⑤《第二次全国土地调查技术规程》(TD/T 1014—2007);⑥《土地利用现状分类》(GB/T 21010—2007);⑦《全国土地分类》(过渡期间适用)(2001 年,国土资源部);⑧《土地权属争议调查处理办法》(2003 年,国土资源部);⑨《广东省第二次全国土地调查工作实施方案》(2007 年 6 月,广东省第二次全国土地调查领导小组办公室);⑩《广东省第二次全国土地调查技术实施细则》(2007 年 9 月，广东省第二次全国土地调查领导小组办公室)；⑪《土地调查条例》(2008 年 2 月，国务院)；⑫《土地利用数据库标准》(2007 年，国土资源部)；⑬《第二次全国土地调查数据库建设技术规范》(2007 年，国土资源部)；⑭《城镇地籍数据库标准》(TD/T 1015—2007)(2007 年，国土资源部)；⑮《第二次全国土地调查底图生产技术规定》(2007 年，国务院第二次全国土地调查领导小组办公室)；⑯《国家基本比例尺地形图分幅与编号》(GB/T 13989—1992)；⑰《国家基本比例尺地图图式　第 2 部分：1∶5000、1∶10 000地形图图式》(GB/T 20257.2—2006)；⑱《1∶500、1∶1000、1∶2000 地形图图式》(GB/T 7929—1995)；⑲《全球定位系统城市测量技术规程》(CJJ 73—97)；⑳《城市测量规范》(CJJ 8—1999)；㉑《城镇地籍调查规程》(TD 1001—93)；㉒《广东省城镇地籍调查测量实施细则》(1999，广东省国土厅)；㉓《广东省城镇地籍调查补充规定》。

### (三)广东省“三调”依据

广东省“三调”依据为：①《土地调查条例》(国务院令第 518 号)；②《土地调查条例实施办法》(国土资源部令第 45 号)；③《国务院关于开展第三次全国土地调查的通知》(国发〔2017〕48 号)；④《第三次全国土地调查总体方案》(国土调查办发〔2018〕1 号)；⑤《国务院第三次全国国土调查领导小组办公室关于印发〈第三次全国国土调查实施方案〉的通知》(国土调查办发〔2018〕18 号)；⑥《国务院第三次全国国土调查领导小组办公室关于开展第三次全国国土调查统一时点更新调查的通知》(国土调查办发〔2019〕24 号)；⑦《土地权属争议调查处理办法》(2003，国土资源部)；⑧《第三次全国国土调查县级数据库建设技术规范》(TD/T 1058—2020)；⑨《第三次全国土地调查正射影像生产实施方案》；⑩《第三次全国土地调查正射影像生产技术规程》；⑪《第三次全国国土调查技术规程》(TD/T 1055—2019)；⑫《第三次全国国土调查成果国家级核查方案》(2019 年，国务院第三次全国国土调查领导小组办公室)；⑬《第三次全国国土调查成果国家级核查技术规定》；⑭《第三次全国国土调查技术问答(第一批)》(国土调查办发〔2019〕6 号)；⑮《第三次全国国土调查技术问答(第二批)》(国土调查办发〔2019〕9 号)；⑯《第三次全国国土调查技术问答(第三批)》(国土调查办发〔2020〕9 号)；⑰《第三次全国国土调查统一时点更新暨 2019 年度土地变更调查实施方案》(2020 年，国务院第三次全国国土调查领导小组办公室)；⑱《土地基本术语》(GB/T 19231—2003)；⑲《土地利用现状分类》(GB/T 21010—2017)；⑳《国土调查数据库标准》(TD/T 1057—2020)；㉑《地籍调查规程》(TD 1001—2012)；㉒《城镇地籍数据库标准》(TD 1015—2016)；㉓《国家基本比例尺地形图分幅与编号》(GBT 13989—2012)；㉔《全球定位系统城市测量技术规程》(CJJ 73—2010)；㉕《基础地理信息数字产品 1∶10 000、1∶50 000 数字高程模型》(CH/T 1008—2001)；㉖《城市测量规范》(CJJT 8—2011)；㉗《广东省第三次全国土地调查总体方案》(粤国土调查办发〔2018〕7 号)；㉘《广东省第三次全国国土调查外业调查举证成果省级核查方案》；㉙《广东省第三次全国国土调查外业调查及举证技术方案》；㉚《广东省第三次全国国土调查省级核查方案》；㉛《广东省三调技术问题答疑(第 1 期)》；㉜《广东省三调技术问题答疑(第 2 期)》；㉝《广东省三调技术问题答疑(第 3 期)》；㉞《广东省人民政府转发国务院关于开展第三次全国土壤普查的通知》(粤府〔2022〕26号);㉟《广东省第三次全国国土调查技术实施细则》;㊱《广东省第三次全国土地调查工作实施方案》(粤国土调查办发〔2018〕10号);㊲《广东省第三次全国土地调查培训方案》;㊳《广东省第三次全国国土调查统一时点更新暨2019年度土地变更调查实施方案》。

## 二、土地利用分类标准

### (一)"一调"土地利用分类标准

#### 1. 分类依据

我们主要依据土地的用途、经营特点、利用方式和覆盖特征等因素进行土地利用现状分类,从而反映土地利用现状。

#### 2. 分类系统

一般对全国土地利用现状采用两级分类,实行统一编码排列,其中一级分为8类,二级分为46类。根据广东省实际情况,可在部分二级类下续分三级类,全省三级类分为75类。各个县还可根据需要进行四级分类,但不能打乱全国和各省的统一编码顺序及其所代表的地类。具体分类名称及含义可见《广东省土地利用现状分类及含义(试行)》。

### (二)"二调"土地利用分类标准

第二次全国土地调查采用国家标准《土地利用现状分类》(GB/T 21010—2007),提出采用土地综合分类方法,根据土地的利用现状和覆盖特征,对城乡用地进行统一分类。

#### 1. 分类基本框架

《土地利用现状分类》(GB/T 21010—2007)采用二级分类体系,一级类有12个,二级类有57个。

各地根据本地的具体情况,可在全国统一的二级分类基础上,根据从属关系续分三级类,并进行编码排列,但不能打乱全国统一的编码排序及其所代表的地类及含义。

(1)一级类设定。依据土地用途和利用方式,考虑到农、林、水、交通等有关部门需求,设定"耕地""园地""林地""草地""水域""交通运输用地"。依据土地利用方式和经营特点,考虑到城市管理等有关部门的需求,设定"商服用地""工矿仓储用地""住宅用地""公共管理与公共服务用地"。为了保证地类的完整性,将上述一级类中未包含的地类,设定为"其他土地"。

(2)二级类设定。二级类设定是指依据自然属性、覆盖特征、用途和经营目的等方面的土地利用差异,对一级类进行具体细化。

#### 2. 地类含义

土地利用现状分类的地类编码和含义见《土地利用现状分类》(GB/T 21010—2007)附录A。

### (三)“三调”土地利用分类标准

各地根据《第三次全国国土调查工作分类》(简称《工作分类》)的分类标准进行土地分类。《工作分类》以《土地利用现状分类》(GB/T 21010—2017)为基础,对部分地类进行了细化和归并,具体分类的编码、名称及含义见《第三次全国国土调查技术规程》(TD/T 1055—2019)附录 A。

《工作分类》对商业服务业用地、公共管理与公共服务用地、特殊用地、水域及水利设施用地等地类进行归并或细化,具体见《第三次全国国土调查技术规程》(TD/T 1055—2019)附录 A 中的表 A.2。

各地土地管理部门可根据《土地利用现状分类》(GB/T 21010—2017)和国土空间规划编制、监测及评估等相关管理需要进一步细化调查分类,但必须按《工作分类》上报成果。

## 三、调查范围及单元

广东省“一调”是以县为单位进行的,依据县级成果逐级汇总而成。在广东省“二调”中,农村土地调查和基本农田调查以县级行政辖区为基本调查单位,城镇土地调查以城市建成区、建制镇建成区为单位。广东省“三调”则是以县级行政辖区为基本单元,对广东省省界范围内的所有国土要素进行调查。

## 四、调查底图和基础资料

### (一)“一调”的调查底图与资料

广东省“一调”以县为单位,由县人民政府统一领导、统一部署。国营农、林、牧、渔场(包括部队、司法和侨务所属各场)的调查工作,也应在当地政府领导下同步开展、依期完成,其中,农、林、牧、渔场以分场(队),农区以村(大队)为单位统计各类土地面积;国防用地、自然保护区、风景区以整个行政单位统计土地面积,其内成片(15 亩以上,1 亩≈666.67$m^2$)耕地则应归入耕地面积统计。

采用的基础图件是由各县测绘部门收集的,主要是不同比例尺的普通航摄照片和部分正摄影像图,而且很多是 1980—1987 年期间拍摄的。如农区 1∶1 万、重点林区 1∶2.5 万、一般林区 1∶5 万、牧区 1∶5 万或 1∶10 万地形图,以及相应比例尺的航摄像片或影像平面图。

### (二)“二调”的调查底图与资料

(1)国家提供的省界、香港和澳门特别行政区界 SHP 格式矢量数据一套,1980 西安坐标系,比例尺 1∶1 万。

(2)国家提供的陆地(含海岛)与海洋的分界线 SHP 格式矢量数据一套,1980 西安坐标系,比例尺 1∶1 万。

(3)2005 年广东省信息中心采集的广东省市级、县级行政区域界线 Geoway 格式矢量数据一套，1980 西安坐标系，比例尺 1∶1 万。

（4）广东省市级、县级行政区域界线勘界资料扫描纠正底图一套。

（5）2000 年后行政区划调整地区的勘界资料、文件若干。

### （三）“三调”的调查底图与资料

广东省“三调”所使用的基础数据和资料主要来源于国家下发的遥感影像图和变化图斑等基础图件。在此基础上，广东省充分发挥已有基础数据资料成果的优势，根据“三调”的任务需求进行补充。与“二调”相比，“三调”数据来源广泛且更加精准，具体如下。

（1）第三次全国土地调查遥感正射影像（简称“国家影像”），坐标系统为 2000 国家大地坐标系，采用高斯-克吕格投影（3°分带），高程系统为 1985 国家高程基准，分辨率为 0.5m、1.0m 两种规格。

（2）最新广东省高分辨率航空影像（简称“高分影像”），坐标系统为 2000 国家大地坐标系，采用高斯-克吕格投影（3°分带），高程系统为 1985 国家高程基准，分辨率为 0.2m。

（3）2017 年度国情监测影像，坐标系统为 2000 国家大地坐标系，采用高斯-克吕格投影（6°分带），高程系统为 1985 国家高程基准，分辨率为 0.5m。

（4）最新年度土地变更调查数据库。数据格式为 MDB 格式，坐标系统为 2000 国家大地坐标系，该数据可作为初始库生产的参考资料。

（5）2017 年度国情监测数据库。数据格式为 GDB 格式，坐标系统为 2000 国家大地坐标系，该数据可作为控制网格构建和地类判读的参考资料。

（6）2017 年度广东省永久基本农田数据库。该数据可作为耕地细化调查和基本农田范围内可调整地类调查的基础数据。

（7）广东省村级及以上界线（含零米线）。数据格式为 GDB 格式，坐标系统为 2000 国家大地坐标系，该数据可作为村级及以上调查界线的基础数据。

（8）广东省农村地籍调查成果。数据格式为 GDB 格式，坐标系统为 2000 国家大地坐标系，该数据可作为村庄内部地类预判的参考数据。

（9）广东省地名地址数据库成果。数据格式为 SHP 格式，坐标系统为 2000 国家大地坐标系，该数据可作为村庄内部地类预判的参考数据。

（10）广东省土地利用总体规划数据库成果。数据格式为 MDB 格式，坐标系统为 2000 国家大地坐标系，该数据库中的中心城区范围数据可作为初始库城镇村划定的参考资料。

（11）广东省开发园区范围数据成果。数据格式为 SHP 格式，坐标系统为 2000 国家大地坐标系，该数据可作为初始库城镇村划定的参考资料。

（12）全国地级以上城市及典型城市群空间格局变化监测——广东省检测区。数据格式为 GDB 格式，坐标系统为 2000 国家大地坐标系，该数据可作为初始库城镇村划定的参考资料。

（13）广东省海岸带开发利用变化监测成果。数据格式为 GDB 格式，坐标系统为 2000 国家大地坐标系。

## 五、数学基础和精度要求

### (一)数学基础

广东省“一调”“二调”与“三调”的数据基础见表1-1。

表1-1 广东省“一调”“二调”与“三调”的数据基础

| | 广东省“一调” | 广东省“二调” | 广东省“三调” |
|---|---|---|---|
| 平面坐标系统 | 采用1954年北京坐标系 | 农村土地调查采用1980西安坐标系;城镇土地调查采用1980西安坐标系;个别地区可自行确定坐标系,但必须建立与1980西安坐标系之间的转换关系 | 大地基准:采用2000国家大地坐标系 |
| 高程系统 | 采用1985国家高程基准 | 采用1985国家高程基准 | 采用1985国家高程基准 |
| 投影方式 | 采用克拉索夫斯基椭球体,高斯-克吕格(等角横切椭圆柱)投影 | 标准分幅图采用高斯-克吕格投影;1∶500～1∶2000标准分幅图或数据按1.5°分带(可任意选择中央子午线);1∶5000、1∶1万比例尺标准分幅图或数据采用3°分带 | 标准分幅图采用高斯-克吕格投影;1∶2000、1∶5000、1∶1万比例尺标准分幅图或数据按3°分带 |
| 分幅及编号 | 采用相应的国家基本比例尺地形图的分幅、编号 | 按《国家基本比例尺地形图分幅和编号》(GB/T 13989—1992)分幅 | 农村土地利用现状调查、城镇村庄内部土地利用现状调查各比例尺标准分幅及编号应执行《国家基本比例尺地形图分幅和编号》(GB/T 13989—2012),标准分幅采用国际1∶100万地图分幅标准,各比例尺标准分幅图均按规定的经差和纬差划分,采用经、纬度分幅。标准分幅图图幅编号均以1∶100万地形图编号为基础并采用行列编号方法 |

广东省“二调”与“三调”使用的坐标系存在差异,前者采用1980西安坐标系,是二维系统;而后者使用的是2000国家大地坐标系,采用6°分带,是三维系统。1980西安坐标系缺少外部控制,导致长距离内精度极低,而2000国家大地坐标系可以获得国际地球参考框架(international terrestrial reference frame,ITRF)的地心坐标,精度是1980西安坐标系的10倍。

### (二)调查精度

广东省在开展“一调”工作时根据辖区形状、面积大小和地类复杂程度选用成图比例尺,一般选用 1∶10 万或 1∶25 万。对采用 1∶5 万和 1∶10 万比例尺的调查牧区，可选用 1∶50 万成图比例尺。

广东省在开展“二调”工作时，农村土地调查底图及其正射影像图较多采用国外的卫星数据，以 1∶1 万比例尺为主，对应图像空间分辨率不低于 2.5m。

广东省“三调”中的农村土地利用现状调查采用优于 1m 分辨率的遥感影像资料；城镇内部土地利用现状调查采用优于 0.2m 分辨率的航空遥感影像资料，图像空间分辨率均优于 1m。

广东省不仅在术语上由图上面积修正为实地面积，且在数量上、各地类上均提高了调查精度，具体如下：“二调”建设用地图上面积为 400m$^2$，而在“三调”调整为建设用地和设施农用地实地面积 200m$^2$；“二调”耕地、园地图上面积为 600m$^2$，而在“三调”调整为农用地（除设施农用地）实地面积 400m$^2$；“二调”其他地类图上面积为 1500m$^2$，而在“三调”调整为其他地类实地面积 600m$^2$。

此外，广东省在开展“二调”工作时，将耕地中小于最小上图图斑面积的非耕地或非耕地中小于最小上图图斑面积的耕地以零星地物点状要素的形式表示，同时线状地物中宽度小于图上 2mm 的地物以线性要素的形式表示；在“三调”中取消了线状地物线性表示和零星地物点状表示的方法，以全图斑的面状要素形式表示，避免了出现数据使用上的负面积等一些逻辑性错误。

### （三）计量单位

广东省开展“一调”“二调”和“三调”工作时都采用了法定计量单位。其中，长度单位采用米（m），面积计量单位采用平方米（m$^2$），面积统计汇总时面积单位采用公顷（hm$^2$）和亩。

## 六、小结

随着科学技术的不断进步，土地调查的技术手段也在不断革新。广东省“一调”期间，正处于计算机应用刚刚起步的阶段，大部分内业工作由人工操作完成，如航片转绘、编图绘图、图件缩编等，仅在面积量算环节采用了当时较先进的计算机扫描计算技术，但仍有少数单位采用人工操作求积仪的方式完成面积计算工作。

广东省“二调”时期正是“3S”技术广泛应用的时期，其中地理信息系统（GIS）提供了分析和处理海量地理数据的通用技术，应用领域极为广泛，因此广东省在开展“二调”工作时充分应用了航空航天遥感技术、全球定位系统（GPS）技术和数字化、网络化等技术，通过逐地块实地调查土地的地类、面积和权属，掌握各类用地的分布和利用状况，以及国有土地使用权和集体土地所有权状况，建立了集影像、图形、地类、面积和权属等多种数据于一体的四级土地信息数据库。

根据“二调”和年度土地变更调查工作的经验，考虑到近年来遥感影像精度提高和土地调查技术、“互联网＋”等新技术不断进步，广东省在开展“三调”工作时全面采用“互联网＋”技术，在已掌握调查成果的基础上，全面细化和完善全国土地利用基础数据，按照“统一制作底图、内业判读地类，地方实地调查、地类在线举证，国家核查验收、统一分发成果”的流程推进，最终建立集土地调查数据和各类自然资源专项调查数据于一体的国土调查数据库和共享平台，实现国土调查数据与国土空间规划、各类自然资源基础数据的互联互通和综合分析应用，构建高质量指标体系，提高“三调”成果对管理决策的支撑服务能力。

# 第四节　土地调查的技术路线

## 一、“一调”技术路线

### （一）调查准备工作

#### 1. 编写调查任务书

凡具备开展调查条件的县，应由县级主管调查部门组织编写调查任务书，经省、自治区、直辖市的调查主管部门批准后，方可实施。

#### 2. 组织调查专业队

详查任务书经省级主管部门批准后，县级主管部门应立即组建专业队，任命正、副队长和技术负责人。根据广东省图斑多、地类复杂、工作量大等特点，一个中等县在外业调查期间调查人数以 60～70 人为宜，转入内业工作的人数以 30 人为宜，可选择具有高中以上文化程度的人员负责详查工作。同时，还应选拔懂技术、有组织管理能力的同志担任调查队队长，在队内设置检查员岗位 7～10 个，负责技术培训、技术指导和检查验收工作，队下设立的作业组人数一般以 3 人为宜。如未设立乡（镇）一级国土管理所的还应组成乡（镇）临时领导小组，配合调查及审定边界和权属界线，协助解决工作人员生活和交通上的困难。

#### 3. 开展技术培训和试点工作

在正式调查工作开展之前，主管调查部门应开展技术培训与试点工作，以使全体专业队员熟悉技术规程，明确调查方法，掌握操作要领，提高技术水平，为顺利开展调查工作打下良好的基础。县级试点培训时间一般为 45 天，其中学习规程、实习时间为 15 天，开展试点工作时间为 30 天。

#### 4. 收集资料

（1）收集近期地形图、相应的航摄像片或影像平面图等。

（2）在与调查有关的行政区划收集地质、地貌、水利、交通、土壤、气象和农、林、牧等方面的图件和文献资料。

（3）收集社会经济资料，如人口、劳动力，各种用地的统计数据、生产和经济状况等。

（4）对收集到的各种资料进行整理、分析，以备调查使用。

#### 5. 准备仪器、工具

（1）仪器：平板仪、水准仪、求积仪、标尺等，有条件的县级主管调查部门可购置转绘仪。

(2)工具:计算器、放大镜(放大10×的读数放大镜)、立体镜、三角板、量角器、1m钢直尺、小钢笔尖、水彩颜料、皮尺、卡规、点圆规等。

(3)各种计算表格、野外记录手簿、办公用品、聚酯薄膜及透明纸等。

(4)生活、交通工具及劳动保护用品等。

### (二)外业调绘

#### 1. 境界与土地权属界调绘

境界包括国界及各种行政区划界线。土地权属界包括村(大队),农、林、牧、渔场界,居民地外的厂矿;机关团体、部队、学校等企事业单位的土地所有权界和使用权界。国界以调查区所使用的经过国家正式出版的地形图为准。在调查省、市(地)、县、乡等行政区域界线和村(大队)的土地权属界线(包括插花地和飞地)时,无论是同期调查还是不同期调查,均应由相邻单位和领导共同盖章签字确认,并认真填写《权属核定书》,注明调查日期和参加调查的人员。在对边界发生争议时,上级部门应及时处理,确属一时无法确定的,则由上级主管部门作技术处理,其界线只用于临时量算面积。对有争议部分的面积可单独量算或将它暂归属为目前正在使用该土地的一方,但均须注明“有争议面积××亩”。《权属核定书》一式四份,双方各执一份,县国土机关保留两份。

#### 2. 地类调绘

本次调查按1984年颁布的《土地利用现状调查技术规程》中的表1“土地利用现状分类及含义”进行地类调绘。主管调查部门应采用航片进行调绘,补测可在航片上进行,也可在地形图上进行。

#### 3. 线状地物调绘

线状地物包括河流,铁路,公路,林带,固定的沟、渠、路。当其宽度大于或等于2.0m时,应予调绘并实地丈量宽度,丈量精确到0.1m,并在航片上刺出位置,用红色墨水注记宽度。对2.0m以下的线状地物,则用折减系数法在该耕地面积内扣除,折减系数由省级主管调查部门在各市、地试点工作的基础上统一审定标准,不得各行其是,更不准人为地加大或减少折减系数。

#### 4. 补测地物

对凡是地形图上没有的新增地物均应进行补调或补测;如用平面影像图或正射影像图作业,可直接补调在影像图上;在使用放大航片作业时,则应转绘到地形图上;也可用1:1万地形图到野外补测。

#### 5. 调绘整饰

外业调绘或补测的地物必须符合要求,调绘和补测后要及时在航片或地形图上进行正规着墨(色)整饰。

#### 6. 填写外业手簿

主管调查部门应按规定将外业调查内容记入调查手簿,并辅以必需的附图。

### (三)航片转绘

在用放大航片进行外业调绘时,必须将调绘内容转绘到地形图上,以消除航片的倾斜误差和限制高差引起的投影误差,并归化为统一的地形图比例尺。在放大航片时要尽量利用最大转绘半径之内的有效范围。具体转绘方法如下。

(1)平原区。相似形格网法、中心辐射线格网法、距离交会法和转绘仪法。

(2)丘陵区。单个投影仪法、辐射线格网法、单辐射分带转绘法和平行尺法。

(3)山区。单个投影仪法、辐射交会法、单辐射分带转绘法和自然格网法。

在满足精度要求的情况下,我们也可以综合使用两种或多种方法。无论采用何种方法,转绘后均应用明显地物点进行转绘检查。在用相似形格网法转绘时,格网线应严格通过格网边上的方点,尽量采用构成正方形的 4 个明显地物点构网,构网后先从中央部分尝试转绘并进行检查,符合要求后再进行全面转绘。

### (四)土地面积量算

我们应从高斯投影图幅面积表中查取地形图图幅的理论面积,作为面积量算的控制范围,同时计算图幅变形系数和量算图幅内各村(大队)的土地面积。当各村(大队)的量算面积之和与图幅理论面积之差小于允许值时,以图幅理论面积为基本控制,对各村(大队)进行面积量算,按面积比例平差得各分区的控制面积。

同图幅相邻县的面积量算(包括飞地),必须以共同确认的(或经上级主管部门作技术处理的)边界作为量算界线,同时开展详查的县级主管调查部门应同相邻县主管部门协商共同量算同一幅图内邻县的控制面积和碎部面积。先开展详查的县级主管调查部门应提供邻县平差后的控制区面积,以此作为邻县面积量算的控制范围,这时应注意不同图幅的图件变形系数的计算。最好的办法是在市(地)的统一安排下由先开展详查的县主管调查部门把邻县的控制区面积和碎部面积一并量算完毕并提供给对方。

### (五)土地利用现状图和调查报告

#### 1. 土地利用现状图的比例尺、开幅数的选择及内容

(1)以分幅的 1∶1 万工作底图为基础,根据不同比例尺的综合要求,分别编制县、乡(镇)两级土地利用现状图。

(2)可根据辖区面积大小、形状、开幅数、地类复杂程度和便于使用等因素确定比例尺。一般乡级主管调查部门可用 1∶1 万～1∶2.5 万比例尺,县级主管调查部门可用 1∶5 万～1∶10万比例尺,全省各县选用的比例尺和图幅开幅数由省主管调查部门统一安排。

(3)土地利用现状图主要用于表示各种地类分布状况并对其他内容进行适当综合。现状图内容一般包括境界线、地类界及符号、线状地物等。等高线的表示应注意以下问题:在丘陵、山区选用同比例尺地形图上的计曲线,如在陡峭山区,当用计曲线表示仍然过密时,还可选择隔条计曲线表示;平原地区只适当注记高程点。此外,土地利用现状图中的内容还应

有图廓线、图名、比例尺、指北针、地类分级及其相应面积表。

**2. 县、乡土地利用现状图的编制程序**

县级土地利用现状图编制程序一般为:①展绘数学基础;②拼、贴编绘底图;③编绘土地利用现状图;④清绘;⑤照相晒蓝;⑥按土地利用现状分类上色。乡级土地利用现状图则用1∶1万工作底图蒙绘,并进行分类上色。

**3. 调查报告**

县级调查报告书由县专业队负责编写,乡级调查说明书由调查作业组或县检查组成员编写。

县级土地利用现状详查工作基本结束后,要组织各作业组认真进行自查互校,县专业队要按一定比例进行初步的检查验收,并评定各乡详查成果是否合格。县专业队初步验收合格后,必须列好资料清单装册,报告上级主管部门检查验收。

## 二、"二调"技术路线

围绕"二调"总体目标和主要任务,在广东省已完成的土地利用更新调查成果的基础上,本着"缺什么补什么"的原则开展工作。

### (一)农村土地调查

土地利用调查以1∶1万比例尺为主,充分应用航空航天遥感技术手段,及时获取客观现势的地面影像作为调查的主要信息源。全省采用2006年、2007年获取的影像资料制作的正射影像图作为调查基础底图,充分利用现有资料,在GPS等技术手段引导下,实地对所有变化地块的地类、权属等情况进行外业调查并详细记录,绘制相应图件,填写外业调查记录表,确定每一地块的地类、权属等现状信息。同时,全省还以外业调绘图件为基础,采用目视解译与计算机自动识别相结合的信息提取技术,对每一地块的形状、范围、位置进行数字化,准确获取每一块土地的界线、范围、面积等土地利用信息。

(1)基于统一标准,更新完善全省各级土地利用数据库。在现有土地利用数据库建设的基础上,按照国家统一的土地利用数据库标准和技术规范,系统整理外业调查记录,并逐图斑录入调查记录。通过对土地利用图斑的图形数据和图斑属性的表单数据进行属性联结,形成集图形、影像、属性、文档于一体的土地利用数据库。

(2)完善土地利用数据库管理系统。在现有土地利用数据库管理系统建设的基础上,进一步补充完善系统的功能,实现对土地利用的图形、属性、栅格影像空间数据及其他非空间数据的一体化管理;借助网络技术,采用集中式与分布式相结合方式,有效存储与管理调查数据;采用多时序空间数据管理技术,实现对土地利用数据的历史回溯,满足变更调查的需要;采用数据库优化技术,提高数据查询、统计、分析的运行效率。

(3)建立基于网络的信息共享及社会化服务技术体系。借助已有的国土资源信息网络框架,根据全省国土资源信息化建设工作的统一部署,按照"省—市—县"三级结构,采用现代网络技术，建立先进、高速、大容量的土地利用信息管理、更新、交换的网络体系，并上连国土资源部(现为自然资源部)，实现各级互联、内外交换的信息服务与数据交换，为日常管理、信息发布和社会化服务提供统一的土地资源信息共享平台，实现土地信息传输、交换、共享及社会化服务的一体化。“二调”(农村部分)技术路线见图 1－1。

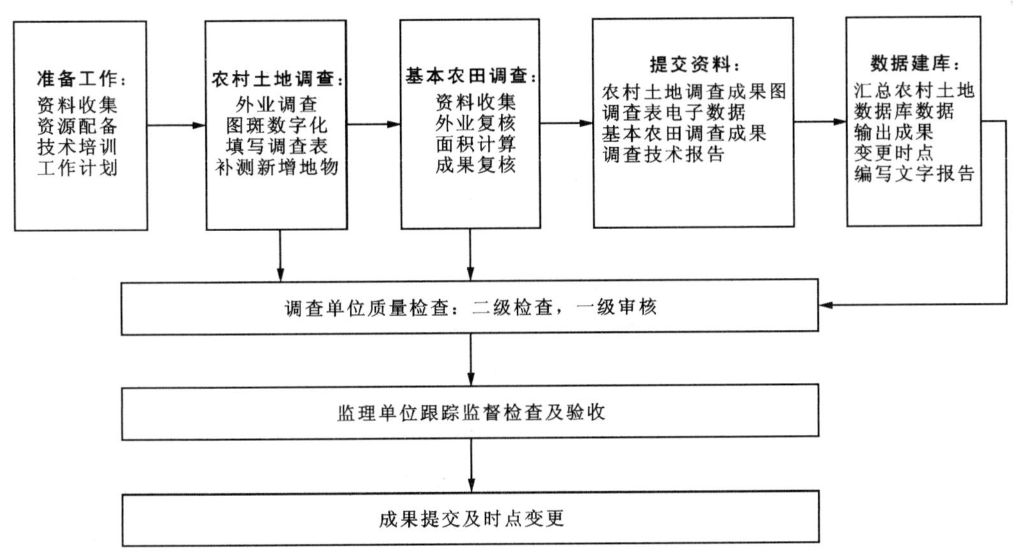


图 1－1 “二调”(农村部分)技术路线

### (二)城镇土地调查

根据第二次全国土地调查总体要求，对无城镇地籍资料或城镇地籍资料比较散乱且严重缺乏、陈旧的城镇，开展初始地籍调查工作；对已完成初始城镇土地调查的地区，根据需要开展变更地籍调查工作。

(1)应全面采用解析法进行地籍测量。对采用部分解析法和图解法建立初始地籍的地区，应用解析法进行更新。

(2)在完成地籍调查测量工作的同时，应建立城镇土地调查数据库。

(3)对未进行城镇土地管理信息系统建设的地区，应充分运用“3S”技术，采用解析法开展地籍测量；对已建成城镇土地管理信息系统的地区，则需要进行数据格式的标准化转换、变更调查及补测。

## 三、“三调”技术路线

通过组织省级技术团队开展技术试点和工作模式创新工作，广东省在“三调”工作中构建了具有广东省特色的“先内后外、省级统筹”技术路线(图 1－2)。

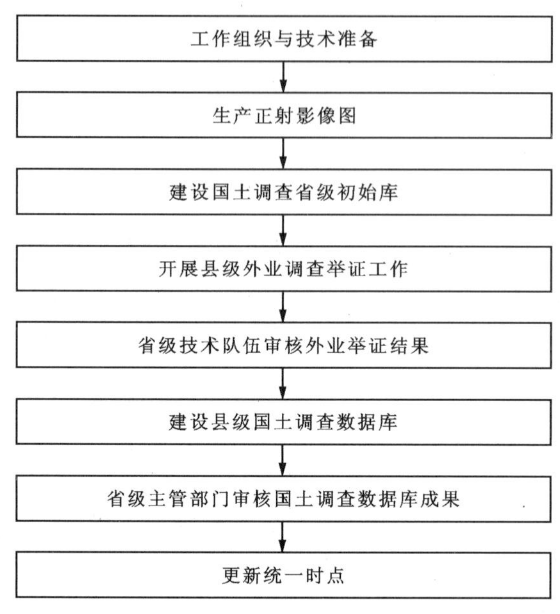


图 1-2　广东省“三调”技术路线

总体上看，广东省“三调”是以 2016 年度土地变更调查成果数据库为基础，以“细化已有内容、更新变化内容、增加缺少内容、修正错误内容”为原则，以省级内业预判、地方外业调查核实为主要工作模式，以“政务网＋内外业一体化”技术为支撑，全面查实查清全省土地利用基础数据。其中，“细化已有内容、更新变化内容、增加缺少内容”为国家统一要求，“修正错误内容”是基于广东省实际情况而增加的原则，以突出全省有错必纠、归真保真的决心和态度。

在质量控制方面，广东省将“三调”工作流程分为 3 个阶段，上一阶段检查通过方可转入下一阶段工作。第一阶段，广东省对初始库进行质量控制，保证基础牢靠；第二阶段，采用计算机自动比对、人机交互和实地抽查的方法，对地方外业调查成果进行质量检查，保证调查结果准确、客观；第三阶段，对县级数据库进行质量检查，确保成果质量。

### (一)工作组织与技术准备

广东省主管调查部门按照国家的总体要求和国务院下发的《第三次全国国土调查总体方案》，完成了各项准备工作，具体包括组建组织架构和技术人员队伍、开展“三调”技术试点工作、编制省级总体方案、开展全省“三调”技术培训等，各技术队伍按任务要求完成外业调查和内业建库，审核所需的仪器设备；开发数据生产、外业调查举证和内业核查相关的软件系统；根据国家下发的数据库，结合本次调查的任务和广东省的实际条件，收集和补充省级高分影像等相关数据资料。

### (二)生产正射影像图

省级技术部门按照《第三次全国土地调查正射影像生产实施方案》的总体要求,并利用广东省现有的高分影像补充资料进行广东省第三次国土调查的正射影像图制作。广东省主管调查部门根据《数字正射影像生产技术规定》确定的技术流程、生产精度完成全省第三次国土调查的正射影像底图生产工作,并进行相应的产品质量评价与审核,为国土调查省级初始库的建设和国土调查后续工作奠定基础。

### (三)建设国土调查省级初始库

国土调查省级初始库的建设是具有广东省特色的"先内后外、省级统筹"技术路线的具体体现。广东省主管调查部门充分发挥省级技术队伍的技术优势,通过省级初始库的建设,提高了调查底图的准确性,为地方外业调查和内业建库打下良好的数据基础。

初始库是地方调查工作的基础和依据,主要由省级技术队伍完成建设工作。省级技术部门依据国家下发的数字正射影像图(digital orthophoto map,DOM),按照影像特征全面采集图斑地类界线;依据影像特征,参考 2016 年度土地变更调查数据库、农村地籍调查成果、地理国情普查成果,预判图斑地类等属性;提取不一致图斑;建设国土调查初始库;分县整理下发初始库,作为地方调查和数据库建设的基础和依据。

### (四)开展县级外业调查举证工作

县(市、区)主管调查部门采用"政务网+内外业一体化"调查技术,依托广东省开发的外业调查举证平台,对省级预判结果逐图斑进行实地调查核实和在线举证,并补充调查未预判的图斑信息。同时,开展城镇内部土地利用现状调查和权属调查工作。

### (五)省级技术队伍审核外业举证结果

省级技术队伍按照统一的标准,在计算机软件的辅助下完成对各县(市、区)上报的外业举证结果的省级审核。对于不符合审核要求的外业举证结果,发回各县(市、区)技术队伍进行整改。只有通过省级审核的外业举证结果方可进入下一阶段的县级数据生产环节。

### (六)建设县级国土调查数据库

在县(市、区)提交的外业调查举证成果通过省级审核后,使用省级主管部门统一配发的建库和质量检查软件,补充完善初始库,形成县级土地调查数据库及专项数据库。通过县级国土调查质量检查后,便可提交县级国土调查数据库进行省级审核。

### (七)省级主管部门审核国土调查数据库成果

广东省第三次全国国土调查领导小组办公室(简称"省三调办")组织成立专门的质量检查队伍,利用国家下发的国土调查数据库质量检查软件和省级核查软件,完成对各县(市、区）提交的县级国土调查数据库的质量检查。对存在问题的成果数据，一律返回县（市、区）负责单位进行整改。

### （八）更新统一时点

县（市、区）结合2019年度土地变更调查工作，按照国家设计的土地调查增量更新模型，将本级土地调查数据库和专项数据库成果统一更新到2019年12月31日标准时点。

## 四、小结

广东省历次土地调查在技术路线上始终坚守“大胆尝试、勇于创新”的方针，充分发挥数据资料储备和技术人才储备方面的优势。

基于“一调”经验，“二调”开展了农村土地调查、城镇土地调查、专项用地调查，综合运用各种先进技术方法和手段，建立了科学完善的土地调查技术和方法体系，修编和制定了一系列土地调查技术标准和规程。广东省在“二调”工作中首次以航空航天遥感影像为主要信息源，建立了调查建库一体化的生产技术体系，基于统一标准进行土地利用数据库建设，实现了农村土地调查成果的信息化管理，创立了较完整的成果质量监控体系。

“三调”在“二调”技术路线的基础上，提出了先由省级技术单位完成省级初始库的建设，再由地方技术单位进行外业调查举证的技术路线，通过省级统筹和把控，提高了工作效率，保障了成果质量，同时大大减少了地方工作量。

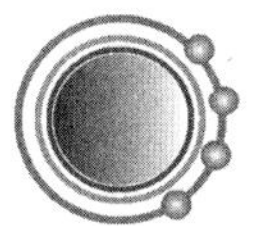

# 第二章　外业调查

## 第一节　“一调”外业调查技术方法

### 一、一般外业调查

#### （一）基本要求

（1）调绘时宜采用近期的平面影像地图，也可采用近期的放大航片或新测制的比例尺大于 1∶1 万的地形图。

（2）调绘权属界线、地类界线和地物位置准确，各种注记正确无误，清晰易读，划线粗细和符号大小符合规程图例要求。

（3）调绘面积线不得产生漏洞和重叠，一般应选在航向重叠或旁向重叠的中部。平坦地区航向重叠达 60%以上时，可隔片调绘。

（4）调绘的明显地物界线在图上位移不大于 0.3mm，困难地区或不明显地物界线的位移不大于 1.0mm。

#### （二）内业准备

内业准备的主要内容：在全面了解和熟悉调查区航片和地形图资料的基础上，绘出航片接合图，准备航高、焦距等数据，预算航片平均比例尺；在山地、丘陵地区作业，还要计算绝对航高，用放大航片作业时，要计算放大焦距。外业调绘前，先进行室内预判，初步划清土地利用类型，并确定外业的工作路线和方法。外业调绘前还应准备 H、2H、5H、6H 铅笔，小刀，三角板，皮尺，外业记录手簿，裱糊透明纸或聚酯薄膜等工具以及各种需要填写的表格。

#### （三）境界与土地权属界调绘

（1）境界包括国界及各种行政区划界线。土地权属界包括村（大队），农、林、牧、渔场界，居民地外的厂矿；机关团体、部队、学校等企事业单位的土地所有权界和使用权界。

（2）国界以调查区所使用的经过国家正式出版的地形图为准。

（3）在调查省、市（地）、县、乡等行政区域界线和村（大队）的土地权属界线（包括插花地和飞地）时，无论是同期调查，还是不同期调查，均应由相邻单位和领导共同盖章签字确认，并认真填写《权属核定书》，注明调查日期和参加调查的人员。可用透明纸在航片或核定过界线的地形图上蒙绘《权属核定书》上的附图，并在其边缘加盖骑缝章，标明指北方向和比例尺。附图上的地物或地貌符号要与规程图例符号相一致，要用直径为0.5mm的小黑点标定附图上权属界线的起止点，用红色表示附图上权属界线，要标注清楚权属界线两旁的行政区划名称或地物、地类名称。对与外省相邻的界线，应尽量调查地名、山名，当实在无法调查地名时，应在附图上标绘公里网线。对于凡是有争议的未定界线，要说明清楚其争议范围。权属界线的文字说明与附图上的各种地物、地类、行政区划名称应一致。权属界线若以线物为界，应明确线状地物的归属关系，标明注记。

(4)当边界发生争议时，上级部门应及时处理，确属一时无法确定的，则由上级主管部门作技术处理，其界线只用于临时量算面积。对有争议部分的面积可单独量算或暂归属为目前正在使用该土地的一方，但均须注明"有争议面积××亩"。暂定界不能通过有争议面积的中央。《权属核定书》一式四份，双方各执一份，县国土机关保留两份。

### (四)地类调绘

(1)按1984年颁布的《土地利用现状分类》中的"土地利用现状分类及含义(1984年标准)"进行地类调绘。应采用航片进行调绘，补测可在航片上进行，也可在地形图上进行。

(2)用航片调绘时，要用5H铅笔或6H铅笔在航片上刻出地类界或新增地物的轮廓线，并在透明纸或聚酯薄膜上同时描绘轮廓线，注上地物符号。回到住地后要将地物轮廓线和地物符号及时用小钢笔清绘整饰在航片上，并为航片调绘图斑逐个编号。要将野外调查的各项资料和数据记录在外业调查手簿上。外业调绘时，当地类界与线状地物或境界重合时，地类界可省略不绘。当两种行政区域界线重合时，只表示高一级的行政区域界线。当行政区域界线与线状地物重合时，可沿线状地物两旁各绘一小段完整的行政区域界线的符号，但在面积量算时仍然要以线状地物中线为界量算面积。当行政区域界线与双线河流重合时，境界线从河流中心通过。当权属界线与线状地物重合时，则应查明线状地物的归属关系(明确线状地物属于哪一方)，划权属界线应附带线状地物。野外调绘时应同时调查土地所有性质，即调查土地属国有还是集体所有。

(3)野外调绘要考虑面积量算的要求并进行图斑编号。在同一图幅内按控制区[一般以村(大队)为一控制区]将参加平差的图斑按从左到右、从上到下的排列顺序编号，图斑号与地类号组成分数式，用分子表示图斑号，用分母表示地类号，如4号图斑是坑田，则写成$\frac{4}{112}$。不参加平差的图斑编号与参加平差的图斑号以横线连接，然后以分编号表示，如4—1、4—2，4为参加平差的图斑号，1、2为不参加平差的图斑号。野外丈量的零星地物的编号方式为在参加平差的图斑号后加上一横线，并一律加上分编号0，如$\frac{4-0}{742}$，4为所在图斑号，0为其内零星地物(水塘)。

(4)每个图斑的界线呈闭合状态，当图上宽度大于5mm的双线地物如果分叉很多时应分段画出图斑界线。

(5)地形图上最小图斑面积:居民地、水塘为 $4mm^2$(1∶1 万地形图上为 0.6 亩);耕地、园地为 $6mm^2$(1∶1 万地形图上为 0.9 亩);林地、草地为 $15mm^2$(1∶1 万地形图上为 2.25 亩);撂荒地为 $15mm^2$(1∶1 万地形图上为 2.25 亩);小于 $15mm^2$ 的撂荒地均归入草地。当在航片上表示以上图斑面积时,应根据航片比例尺进行折算。

### (五)线状地物调绘

(1)线状地物包括河流、铁路、公路、林带以及固定的沟、渠、路。当其宽度大于或等于 2.0m 时,应予调绘并实地丈量宽度,丈量精确到 0.1m,并在航片上刺出位置,用红色墨水注记宽度。对 2.0m 以下的线状地物,用折减系数法在该耕地面积内进行扣除,折减系数由各省在各市、各地试点工作的基础上统一审定标准,不得各行其是,更不准人为地加大或减少折减系数。

(2)对宽度变化较大的线状地物,应分段丈量。

(3)对图上没有的新增线状地物则应实地补调或补测。

(4)线状地物均按规程图式表示。

(5)如以沟渠为主,两旁小堤、小路面积可归入沟渠面积计算;如以堤、路为主,小沟为辅,则小沟面积可归入堤或路的面积计算。

### (六)补测地物

(1)对凡是地形图上没有的新增地物均应进行补调或补测;如用平面影像图或正射影像图作业,可直接补调在影像图上;在使用放大航片作业时,则应转绘到地形图上;也可用 1∶1 万地形图到野外补测。

(2)补调、补测的新增地物点相对四周明显地物点距离的中误差,平地、丘陵地不得超过图上 0.8mm,山地不得超过 1.2mm。

(3)用航片补调时(或直接用地形图补测),在明显地物点较多的情况下,可用截距法、距离交会法、直角坐标法或极坐标法等补测;在明显地物少的情况下可用平板仪补测。无论采用何种方法,都必须满足精度要求。

(4)依比例尺表示的地物,需要测定地物的边线;不依比例尺(半依比例尺)表示的地物,需要测定地物的中心点(线)的位置。

### (七)调绘整饰

(1)对外业调绘或补测的地物,必须按照要求,在调绘和补测后及时在航片或地形图上进行正规的着墨(色)整饰。无论是在航片上还是在地形图上,均应用小钢笔整饰地物,地类界线的线宽不应大于 0.2mm。用红色绘制参加平差的图斑界线,用蓝色绘制不参加平差的图斑界线,用黑色表示地物符号及注记,以红色斜晕线绘制新增地物,以蓝色斜晕线绘制飞地。

(2)在利用航片进行外业调绘时,除逐片整饰外,还应注意各片的接边衔接,双方在接边片上签名。

(3)进行外业补测的地形图经整饰后即为工作底图,对工作底图上的各类图斑不得使用水彩颜料上色,以防图纸伸缩变形,可用三星牌彩色铅笔上色,但要保持图斑边线的清晰性。

### (八)填写外业手簿

(1)按规定将外业调查内容记入调查手簿,并辅以必需的附图。

(2)记载最小图斑的地类实际面积。

(3)记载线状地物实测数据及归属说明。

(4)记载土地利用状况,如作物种植、耕作制度、灌溉方式、植被、地貌,以及名产和特产产品产量、各种作物适宜性等。在记载上述内容时必须保持字体正规,字迹清晰,不准涂改、就字改字或擦刮和重抄。土地利用现状外业调查记录表见表 2-1。

**表 2-1　土地利用现状外业调查记录表**

| 所在图斑 | | 地类编号 | 地类名称 | 权属 | 线状地物 | | | 零星地类 | | | 土地利用状况 | 附图 |
|---|---|---|---|---|---|---|---|---|---|---|---|---|
| 编号 | 土地所有性质 | | | | 名称 | 土地所有性质 | 实量宽度/m | 名称 | 权属 | 面积/$m^2$ | | |
| | | | | | | | | | | | | |
| | | | | | | | | | | | | |
| | | | | | | | | | | | | |

备注:①实量宽度是指实地量取 2m 以上的线状地物宽度,注意分段量取宽度变化大的地方;②长度可在地形图、影像图或航片上量取,量取精度保留到小数点后一位,在航片上量取的应注意乘以航片平均比例尺;③零星地类是指不足上图标准的小图斑。

## 二、军用土地利用现状调查

### (一)调绘基本要求

(1)调绘应采用新测绘的地形图或影像平面图及准确的地籍平面图。

(2)调绘的界线和地物位置准确,各种注记正确无误,清晰易读,线划符号符合国家《土地利用现状调查技术规程》(国务院〔1984〕70 号文件)的图例要求。

(3)调绘面积线不得错漏和重叠。

(4)调绘的明显地物界线在图上的位移不大于 0.3mm,困难地区或不明显地物界线在图上的位移应不大于 1.0mm。

### (二)土地权属界线调绘

(1)土地权属界线是指各用地单位与相邻单位的土地权属界线。

(2)境界以国家和地方确认的行政区划界线为准。

(3)详查过程不论与地方主管调查部门同步或不同步,都要请当地县级以上人民政府土地管理部门出面组织,与各相邻单位共同确认权属界线。

## 第二节 "二调"外业调查技术方法

### 一、权属调查

在广东省境界与土地权属界的调绘工作中,县(市、区)级国土资源管理部门只进行乡(镇)、村的行政区域界线和各类土地权属界线的调绘。原则上使用原土地详查已确定的乡(镇)、村行政界和土地权属界线。原土地权属界线核定手续不完善的,本次更新调查应加以补充完善。对有变化的境界和土地权属界线,县级国土资源管理部门应根据县级以上人民政府(或民政部门)、法院裁定的境界与土地权属界或土地权属界相邻的双方签订的《权属核定书》,组织县(市)有关部门、乡(镇)的人员及土地权属界的相关人员到实地进行指界,确定境界与土地权属界,经实地核对后调绘到正射影像图上。

对有变化的其他行政区划界线和村(大队),农、林、牧、渔场界和居民点外的厂矿,机关团体、部队、学校等企事业单位的土地权属(包括插花地和飞地)界线进行核定时,无论是同期调查,还是不同期调查,均应由相邻单位和领导共同盖章签字确认,认真填写《变更权属核定书》,并注明调查日期和参加调查的人员。可用透明纸在正射影像图或核定过界线的地形图上蒙绘《权属核定书》上的附图,并在其边缘加盖骑缝章,标明指北方向和比例尺。附图上的地物或地貌符号要与规程图例符号相一致,一般用直径 0.5mm 的小黑点标定附图上权属界线的起止点,用红色表示附图上权属界线,要注记清楚权属界线两旁的行政区划名称或地物、地类名称。

"二调"原则上使用广东省土地更新调查确认的土地权属界线;对仍未能解决的争议边界,只作技术处理,其界线只作为本次调查量算面积的工作界线使用。可将有争议部分的土地面积单独量算或暂归为目前正在使用该土地的一方,但均须注明"有争议面积________亩(或公顷)"。暂定界不能通过有争议面积的中央。

### 二、农村土地调查

农村土地调查范围覆盖完整的调查区域,其中城市、建制镇、村庄、采矿用地、风景名胜及特殊用地,依据《土地利用现状调查技术规程》(国务院〔1984〕70 号文件)规定的"城镇村及工矿用地"划分要求,按单一地类图斑调查。除此之外的其他土地,依据《土地利用现状分类》(GB/T 21010—2007)进行细化调查。

### (一)内业地类判读

内业地类判读过程:将土地利用更新调查数据库成果与正射影像图进行套合分析,找出与影像不符的图斑,并在 GIS 软件上将变化图斑和线状地物数字化,用适合的颜色明显表示,以行政村级区域范围为单元按流水号对土地利用变化图斑进行编号,并依据影像采用室内判读方式判读出变化图斑的土地利用类别。

图斑最小上图面积:城镇村及工矿用地为 4.0mm$^2$,耕地、园地为 6.0mm$^2$,林地、草地等其他地类为 15.0mm$^2$。

### (二)野外核实地类及权属等信息

主管调查部门应利用调查工作底图等资料,到实地核查地类及其界线。地类调查至《土地利用现状分类》划定的二级类。主要地类的认定详见国家标准《土地利用现状分类》(GB/T 21010—2007)。

#### 1. 图斑调查

(1)单一地类地块。被行政区域界线、土地权属界线或线状地物分割的单一地类地块称为图斑。图斑最小上图面积:城镇村及工矿用地为 4.0mm$^2$,耕地、园地为 6.0mm$^2$,林地、草地等其他地类为 15.0mm$^2$。

(2)建设用地。可划分为城市、建制镇、村庄、采矿用地、风景名胜及特殊用地,以及铁路、公路等用地(表 2-2)。

表 2-2　城镇村及工矿用地

| 一级 | | 二级 | | 含义 |
|---|---|---|---|---|
| 编码 | 名称 | 编码 | 名称 | |
| 20 | 城镇村及工矿用地 | | | 指城乡居民点、独立居民点以及居民点以外的工矿、国防、名胜古迹等企事业单位用地,包括其内部交通、绿化用地 |
| | | 201 | 城市 | 指城市居民点以及与城市连片的区政府、县级市政府所在地镇级辖区内的商服、住宅、工业、仓储、机关、学校等单位用地 |
| | | 202 | 建制镇 | 指建制镇居民点,以及辖区内的商服、住宅、工业、仓储、学校等企事业单位用地 |
| | | 203 | 村庄 | 指农村居民点,以及所属的商服、住宅、工矿、工业、仓储、学校等用地 |
| | | 204 | 采矿用地 | 指采矿、采石、采砂(沙)场,盐田,砖瓦窑等地面生产用地及尾矿堆放地 |
| | | 205 | 风景名胜及特殊用地 | 指城镇村用地以外用于军事设施、涉外、宗教、监教、殡葬等的土地,以及风景名胜(包括名胜古迹、旅游景点、革命遗址等)景点及管理机构的建筑用地 |

(3)城市、建制镇、村庄。只调查其外围界线，按地块(图斑)调绘(标绘)和表示，对其内部的各种地类不进行详细调查。

(4)独立于城市、建制镇、村庄之外的采矿用地(主要指露天采矿区域，不包括办公、居住、生活区、加工厂等建设用地)、风景名胜及特殊用地。按地块(图斑)调绘(标绘)和表示，对其内部的各种地类不进行详细调查。

(5)独立于城市、建制镇、村庄之外的建设用地(相当于土地详查时的独立工矿用地)，依据其归属调查划分为城市或建制镇或村庄用地。

根据这一规定，农村土地调查图斑划分基本原则如下：①城市、建制镇、村庄、采矿用地、风景名胜及特殊用地外围闭合界线形成的地块，称为图斑；②双线依比例尺表示的线状地物形成的地块，称为图斑；③被行政区域界线、土地权属界线分割形成的地块，称为图斑；④被单线依比例尺表示的线状地物、地类界线、不同权属性质界线分割形成的地块，称为图斑；⑤划分不同耕地坡度分级界线(主要是田坎)分割形成的不同坡度级耕地地块，称为图斑；⑥划分耕地中梯田、坡耕地的界线分割形成的梯田地块、坡耕地地块，称为图斑；⑦当各种界线重合时，依行政区域界线、土地权属界线、地类界线的高低顺序，只表示高一级界线；⑧行政区域界线、土地权属界线作为符号使用时不视为图斑界线，作为非符号使用时视为图斑界线。

**2. 线状地物调查**

线状地物包括河流、铁路、公路、管道用地、农村道路、林带、沟渠和田坎等。当线状地物宽度大于或等于图上线状地物宽度 2mm 时，按图斑调查。当线状地物宽度小于图上线状地物宽度 2mm 时，调绘中心线，用单线符号表示，称为单线线状地物，并按《第二次全国土地调查技术规程》(TD/T 1014—2007)中提出的要求在宽度均匀处实地量测宽度，精确至 0.1m；当宽度变化大于 20%时，应分段量测宽度。

在扣除田坎系数的地区，不调绘田坎。但对作为权属界线和行政区域界线的田坎应调绘其准确位置，且田坎面积不参与面积计算。

**3. 新增地物调绘与补测**

(1)补测范围。当调查范围的实际地物与影像不一致时，应以实地为准，对变化部分进行测量。对影像不清晰部分，进行实地测量。

(2)补测方法。在补测图斑时，采用 GPS、全站仪等方法测定图斑界线；在补测线状地物时，需要测定线状地物的中心线，并丈量宽度及标注。

(3)精度要求。补测的地物点相对四周已知明显地物点的距离误差，平地不得大于图上±0.5mm，丘陵、山区不得大于图上±1.0mm。依比例尺标绘的地物，需要测定地物的边线；不依比例尺(或半依比例尺)标绘的地物，需要测定地物的中心点(线)位置。

**4. 填写《农村土地调查记录手簿》**

《农村土地调查记录手簿》应记载变化图斑的权属、地类、利用状况，以及有关线状地物权属、宽度等信息。在地物补测时应绘制草图，并在备注栏予以说明。同时，应实地填写，妥善保存。

《农村土地调查记录手簿》分为图斑和线状地物两张表，可以只填写调查底图无法完整表示内容的图斑和线状地物，以及补测地物，其他在调查底图能表示清楚的图斑和线状地物视情况填写。

**5. 整理外业调绘成果资料**

在外业调绘或补测完成后，应对变化图斑进行整饰，对实地没有发生变化的图斑，用斜线压盖图斑编号作为删除标记，且必须调整图斑界线，在原界线两端打叉，用红色表示新增地物的界线，并绘以红色斜晕线，用黑色表示地物符号及注记。

### 三、城镇土地调查

城镇土地调查即城镇地籍调查。城镇土地调查是指以 1∶500 比例尺为主，充分运用全球定位系统、全站仪等现代化测量手段，采用解析法，开展全外业数字化大比例尺地籍测量及权属调查，准确确定每宗土地的位置、界址、权属、用途等信息。

对以往未进行城镇地籍调查的地区，应开展城镇初始地籍调查，采用解析法，进行全外业数字化测量；对已完成初始地籍调查的地区，应在已有数据成果的基础上，开展必要的变更调查和修测、补测工作。具体调查执行《第二次全国土地调查技术规程》《城镇地籍调查规程》《广东省城镇地籍调查测量实施细则》《广东省第二次土地调查技术实施细则》的规定。

## 第三节　“三调”外业调查技术方法

广东省“三调”的县级实施工作主要包括土地权属调查、农村土地利用现状调查、城镇村内部土地利用调查、海岛调查、专项调查、统一时点更新调查等内容。

### 一、土地权属调查

土地权属调查内容如下。

(1)当行政村级权属界线发生变化时，按照集体土地所有权和不动产调查相关规定，开展行政村级权属界线补充调查。

(2)城镇以外的独立国有土地使用权界线，依据相关资料进行转绘上图，城镇内部的国有土地使用权界线调查不上图，城镇内部街道行政区域界线调查上图。

(3)在权属界线上图过程中，因成图精度等客观因素，将产生位移的部分权属界线与遥感影像，根据协议书描述转绘至相关位置，避免产生细小图斑。

### 二、农村土地利用现状调查

土地利用现状调查是指按照《工作分类》，在省级主管部门下发的国土调查初始库基础上，实地调查每块图斑的地类、位置、范围、面积等利用状况，并根据要求开展图斑举证工作，对影像未能反映的地物进行补测。农村土地利用现状外业调查范围是城镇村等用地范围以外的所有区域以及城镇村庄内的农用地。

## (一)调查方法

常用的调查方法有综合调绘法和全野外调绘法。广东省国土调查的外业调查及举证工作主要采用综合调绘法。综合调绘法是内业解译、外业核实和补充调查相结合的调绘方法。

### 1. 收集相关资料

室内解译前可广泛收集与调查区域有关资料,如土地利用数据库、地籍调查成果、国情普查,自然地理状况,最新的交通图、水利图、河流湖泊分布图、地名图等,作为室内判读的参考资料。

### 2. 室内预判解译

在室内对影像进行预判解译,可利用省级主管调查部门下发的初始库与调查底图(DOM)套合,参考其他资料,在计算机中依据影像将预判解译的界线、图斑、地类等标绘在调查底图上。通过室内解译,可将能够确认的地类和界线、不能够确认的地类或界线的图斑,做好相应的标识。对影像不够清晰或室内无法判读解译的地类或界线,可通过实地补测确定。

### 3. 外业调查

在开展外业调查时应到实地对内业标绘的地类、界线等内容逐一进行核实、修正或补充调查;重点调查内业无法判读解译的地类或界线;对影像上没有的、新增加的地物进行补测,并将核实、补测的内容及属性标绘在调查底图上或记录在《国土调查记录表》中;对不一致图斑和自主举证图斑,现场拍照举证。通过外业调查,最终获得能够反映调查区域内土地利用状况的原始调查图件和资料,并以此作为国土调查数据库建设的依据。

## (二)内业预判与底图制作

县级相关部门综合利用 DOM、自然资源管理数据及相关部门调查数据,对省级主管调查部门下发的本底图斑层、城镇村等用地图层的相关信息进行内业预判核实,并结合内业预判结果,提取地方自主举证图斑。

### 1. 本底图斑复核与补充

对省级主管调查部门下发的初始库本底图斑层地类边界和属性进行复核与补充,具体包括如下几点。

(1)对省级预判到末级地类图斑的边界和地类进行核实;对省级没有预判到末级地类的图斑地类进行细化,并根据需要进行分割;对省级初始库预判的地类属性标注进行核实,参考农业、林业等相关部门提供的数据,结合实际,对地类标注不符合实际情况的进行修改或标记。

(2)对村庄内部的地类预判标注信息,结合农村地籍调查成果,参考高分辨率航空影像,进行核实确认。

(3)将省级主管调查部门下发的本底图斑层中的不一致图斑的边界及其内业预判地类，对照最新的遥感影像和地方收集的土地管理相关资料进行内业核实判断，对有疑问的地方进行标记；除省级主管调查部门提取下发的不一致图斑外，对县级主管调查部门预判为不一致的图斑进行补充提取，并做好标记。

**2. 城镇村等用地图层复核与补充**

(1)城镇村等用地图层复核与补充具体内容如下。在省级主管调查部门初步确定的城镇村范围的基础上，根据城市开发边界、城乡规划资料以及实际发展情况，对省级主管调查部门下发的城镇村范围进行核实确认，对范围和标注信息与实际不符的进行修改或标记。

(2)将已有的调查资料、统一下发的行政区域界线与DOM叠加套合；将初始库的本底图层、不一致图斑层符号化，对内业不能准确判读的地类图斑及界线进行重点标注；作多源数据融合处理，制作外业调查工作底图。也可将上述数据处理后导入外业调查设备，辅助开展外业调查。

### (三)地类调绘与补测

地类调绘与补测内容：利用省级外业调查及举证系统，使用外业调查终端设备，实地逐图斑调查图斑地类，调绘图斑边界，核实记录图斑属性信息；对影像未能反映的新增地物应进行补测。

**1. 地类调查**

“三调”以图斑为基本单元开展调查(包括道路、沟渠、河流等线性地物)。单一地类地块，以及被行政区、城镇村庄等调查界线或土地所有权界线分割的单一地类地块称为图斑。城镇村庄内部同一地类的相邻宗地可合并为一个图斑。被权属界线分割的道路，可按不同图斑上图。

1)精度要求

调查精度要求：与影像对比，调绘、转绘的各种明显界线与DOM上同名地物的位移不得大于图上0.3mm，不明显界线的位移不得大于图上1.0mm。

2)调查方法

(1)设计调绘路线。在外业实地调查核实前，首先要在室内设计好外业调绘路线。调绘路线以既要少走路又不至于漏掉要调绘的地物为原则。

(2)确定站立点。选好站立点，并确定站立点在图上的位置，按计划路线调绘，同时要向两侧铺开，尽量扩大调绘范围。

(3)核实、调查。应采取“远看近判”的方法实地核实、调查，将地类的界线、范围、属性等调查内容准确调绘在调查工作底图上。通过外业，依据实地现状，将内业解译或无法解译的内容，依据实地现状进行核实或调绘。对室内解译正确的予以确认，有错误的进行修正。对未解译的部分，根据实地情况调绘或补测在调查工作底图准确位置上。同时，将调查的内容、属性标注在调查工作底图上或填写在国土调查记录表中。

(4)边走边调绘。根据调查设计的路线，在到达下一站立点途中，可依据影像边走、边看、边判、边记、边画，对内业预判的内容逐一核实、记载，在到达下一站立点后，再进行调绘。

(5)询问。在调查过程中应多向当地群众或向导询问，及时了解当地的土地利用的各种情况(主要有用地类型、地名、工矿企业单位和权属等)，保证调查的准确性。

3)调查内容

(1)关于推土区调查。对利用方向不明确的推土区按原地类调查，将其占地范围以单独图层方式存储在数据库中，推土区占用原地类为耕地的，按耕地调查，并标注“未耕种”属性。推土区占用原地类为城镇村及工矿用地，按建设用地调查，地类图斑层图斑地类编码和地类名称须为05～09的末级地类。如推土区在统一时点已建成，可通过增量更新方式将推土区更新为建设用地。对于地基已开挖、建筑施工主体工程已达到“正负零”(即基础结构施工已完成)的推土区，可按建设用地调查。

(2)关于可调整地类。本次调查不再新认定可调整地类。对原有可调整地类图斑，实地现状已恢复为耕地的，直接按耕地调查。对原有可调整地类图斑，经自然资源主管部门及农业农村主管部门评估难以恢复成耕地的，按实地现状调查，不得再保留可调整地类的属性。对原有可调整地类图斑，经自然资源主管部门及农业农村主管部门共同评估认为仍可恢复为耕地的，出具相关认定意见后，可继续按可调整地类调查，并根据实地状况，标注“即可恢复”或“工程恢复”属性。

对“二调”为耕地，在年度变更调查中已变更为可调整地类的图斑，不再保留可调整地类属性，根据实地状况调查，并标注“即可恢复”或“工程恢复”属性。

(3)关于军事用地调查。对军事用地范围内的土地，按实际现状调查地类。调查的具体内容依据国务院第三次全国国土调查领导小组办公室(简称“全国三调办”)的另行规定执行。

(4)关于设施农用地调查。依据《工作分类》和《国土资源部、农业部关于进一步支持设施农业健康发展的通知》(国土资发〔2014〕127号)等有关要求，开展设施农用地调查，严禁随意扩大设施农用地范围。

(5)关于临时用地调查。临时用地是指因建设项目施工和地质勘查需要临时使用国有土地或者农民集体所有的土地。对于经批准的临时用地，按实际使用范围调查为建设用地，并将实际占地范围以及批准文号以单独图层的方式存储在数据库中，按相关要求同步提交批准文件扫描件，其中，工程建设附属的临时用地按用地工程主体的地类调查，用于临时勘探及开展采矿用地方式改革试点工作的临时用地按采矿用地调查。临时用地的认定依据是实地已建设，并且临时用地合同(协议)经依法批准且在有效期内。未经批准或不在有效期内的临时用地，不得在单独图层表示。

(6)关于拆除未尽区调查。未拆除到位和拆除未复耕或复绿等的地块，依据原建构筑物认定地类，并将“拆除未尽”范围以单独图层方式存储在数据库中。其中，属于建设用地拆除未尽的，按建构筑物对应的二级地类调查；属于设施农用地拆除未尽的，按设施农用地调查；属于临时用地拆除未尽的，按建设用地调查，同步在“临时用地”和“拆除未尽”单独图层表示。实地已复耕或复绿的，按现状调查。

(7)关于光伏用地调查。光伏用地分为发电配套设施用地及办公管理用地和光伏板用地，对发电配套设施用地及办公管理用地按建设用地调查，对光伏板用地按原地类调查，不得出现建设用地地类(已取得合法用地手续的除外)。若原数据库为建设用地，必须往前逐年追溯至最近的非建设用地地类。若光伏板区范围内原地类为耕地，按耕地调查，并标注“未耕种”属性。光伏板用地的占地范围以单独图层的方式存储在数据库中。

(8)关于农用地调查为未利用地等。在调查过程中，对于将农用地调查为其他草地、盐碱地、沼泽地、沙地、裸土地、裸岩石砾地等未利用地，水田调查为水浇地或旱地、水浇地调查为旱地等耕地内部二级类发生变化的情况，各地必须实地举证，形成县级报告连同相关部门证明材料，经地级以上市三调办进行审核后上报至省三调办。县级报告应包括原因说明及汇总面积等。

(9)关于湿地调查。将全国三调办下发第二次全国湿地资源调查图斑作为湿地调查的指引，按照《工作分类》，实地调查地类。其中，面积为 $8hm^2$ 以上的湿地要逐图斑核实，面积为 $8hm^2$ 以下的湿地也要通过实地调查再上图。

4)图斑界线表示

图斑以地类界线表示，当地类界线与行政区域界线或土地权属界线重合时，省略不绘。当各种界线重合时，依行政区域界线、土地权属界线、地类界线的高低顺序，只表示高一级界线。

5)图斑编码注记与要求

图斑编号统一以建制村为单位，对每一个地类图斑按从左到右、自上而下的原则从“1”开始顺序编号。

**2. 图斑标注**

(1)耕地标注。调查为耕地的图斑，根据耕地的实际利用状况，标注耕地种植属性。原则上不因标注种植属性而分割耕地图斑，当一块耕地内有多种种植情况时，按主要种植情况标注。标注属性主要包括：“种植粮食作物”——LS、“种植非粮作物”——FLS、“粮与非粮轮作”——LYFL、“休耕”——XG、“林粮间作”——LLJZ 和“未耕种”——WG。

“种植粮食作物”是指种植谷类、豆类和薯类作物；“种植非粮作物”是指种植蔬菜、棉花、油料、糖类、饲草、烟叶等作物；“粮与非粮轮作”是指粮食作物与非粮作物轮种、间种和套种等情况；“休耕”是指有计划地“休养生息”的耕地；“林粮间作”是指在退耕还林工程范围内，尚未达到成林标准的土地；“未耕种”是指不在“休耕”范围内，可直接恢复耕种的无种植行为的耕地(包括轮歇地)。初始调查成果按 2018 年种植情况进行标注，统一时点更新成果按 2019 年种植情况进行标注。

对全部耕地图斑均应标注种植属性。对细化调查为“河道耕地”“湖区耕地”“林区耕地”“牧区耕地”“沙荒耕地”和“石漠化耕地”的耕地，应同步标注“种植粮食作物”“种植非粮作物”和“粮与非粮轮作”属性。对于退耕还林工程范围内尚未达到成林标准的区域，按耕地调查并标注“林粮间作”属性。对其他林粮间作区域，达到最小上图面积的，按现状调查。

(2)建设用地标注。按要求标注建设用地调查图斑属性。根据工业用地的实际利用状况，标注为："火电工业用地"——HDGY、"钢铁工业用地"——GTGY、"煤炭工业用地"——MTGY、"水泥工业用地"——SNGY、"玻璃工业用地"——BLGY、"电解铝工业用地"——DLGY。

(3)种植园用地、林地、草地、坑塘水面标注。对林业部门调查的林区内的种植园用地，按种植园用地调查，如果原地类是林地，标注为："林区种植园用地"——LQYD。对30%≤灌木覆盖度<40%的草地图斑，标注为："灌丛草地"——GCCD。原数据库为水田的图斑，原则上标注为"即可恢复"——JKHF，如实地确需通过工程措施恢复的，经举证后方可标注"工程恢复"——GCHF。原数据库为水浇地或旱地的图斑，根据实地状况标注为"即可恢复"或"工程恢复"。

(4)关于废弃地块的标注。对于废弃的公路、铁路和尾矿，在分别按公路用地、铁路用地、采矿用地调查的基础上，标注"废弃"—FQ属性。

**3. 新增地物补测**

新增地物补测是指对影像未能反映的新增地物应进行补充调查，并通过省级外业调查及举证系统记录图斑信息和实地边界。主要采用简易补测法和仪器补测法开展补充调查，为了提高调查的效率和成果精度，有条件的地区可采用GPS仪器补测法，无条件的地区可采用简易补测法。在实际地物补测中，各种补测方法应根据实地情况综合使用。

**4. 线性地物调查**

线性地物包括铁路、公路、农村道路、林带、河流和沟渠等，用图斑表示，对被调查界线、权属界线分割的线性地物，按不同图斑调查上图。

只有在权属、坐落、宽度、走向、地类5类属性均基本一致的情况下，线性地物方可被划分一个线性图斑。对用地范围不确定的在建道路，暂不调查。

对调查为公路用地或铁路用地的图斑，提取公路或铁路的路面范围，按照单独图层方式录入国土调查数据库。对公路用地图斑，若道路有路肩则提取至路肩外缘，道路无路肩则提取至路面铺桩位置或路面硬化外缘(不含路堤(堑)边坡、道沟)；对铁路用地图斑，可将它提取至铁路路肩外缘。对高架公路、铁路，可提取垂直投影范围。线性地物边界确定原则和线性地物的表示方法，具体参见《第三次全国国土调查技术规程》(TD/T 1055—2019)。

**5. 田坎调查**

对耕地坡度小于或等于2°的平地，原则上不调查田坎，对坡度在2°以上的耕地的田坎采用系数扣除方法进行调查。不能用图斑表示田坎。

1)耕地坡度分级

耕地坡度是指耕地所在地面坡度。耕地坡度分级及代码见表2-3。

**表2-3 耕地坡度分级及代码**

| 坡度分级 | ≤2° | >2°~6° | >6°~15° | >15°~25° | >25° |
|---|---|---|---|---|---|
| 坡度级代码 | Ⅰ | Ⅱ | Ⅲ | Ⅳ | Ⅴ |

2）耕地坡度等级确定

我们根据广东省最新的数字高程模型（digital elevation model，DEM），按照《利用DEM确定耕地坡度分级技术规定》制作全省坡度分级图。将坡度分级图与耕地图斑叠加，确定耕地图斑的坡度级。

（1）在进行坡度分级时，原则上不打破图斑界线，一个图斑确定一个坡度级。当一个图斑含有两个以上坡度级时，原则上以面积大的坡度级为该图斑坡度级；但不同坡度级界线明显的，也可依界分割图斑并分别确定坡度级。

（2）将坡度在2°以上的各坡度级再分为梯田和坡地两种耕地类型。

（3）梯田是指在山区、丘陵地区沿等高线由人工修筑的比较规整的台阶式农田。梯田分为石坎梯田和土坎梯田。坡地是指山区、丘陵地区自然坡面上形成的农田，坡地上基本没有田坎或有少量田坎，地块与地块之间由荒草或杂树分开。

（4）调查时要对耕地中的梯田、坡地单独划分图斑，并注明耕地类型为梯田或坡地。对梯田、坡地混在一起的耕地，当两者的坡度级都大于最小上图标准时，需要分别调绘，划分图斑；当其中之一的坡度级小于最小上图标准时，可综合到另一类型中。

3）田坎系数

调查时可继续沿用广东省“二调”测算的田坎系数。但自“二调”以来，部分县（区、市）行政区域界线发生调整，造成了一个县（区、市）存在多套耕地田坎系数被扣除的情况，为便于工作开展，省三调办对存在扣除多套耕地田坎系数情况的县（区、市）做出调整。其中，将黄埔区的地貌类型由平地重新定义为丘陵，深圳市新增的龙华区、坪山区、光明区地貌类型定义为丘陵，榕城区的地貌类型由丘陵重新定义为山区，湘桥区的地貌类型由丘陵重新定义为山区；其他县（区、市）保持第二次全国土地调查的地貌类型定义。

### （四）图斑外业举证

图斑外业举证是指按照以实地现状认定地类的原则，依托省级外业调查及举证系统（包括数据处理软件和外业调查及举证APP），使用外业调查终端设备，对不一致图斑、重点地类变化图斑、地方自主举证图斑等进行举证，将包含图斑地类定性与利用现状范围、实地GPS坐标、拍摄方位角、拍摄时间、实地照片及举证说明等综合信息的加密举证数据包，报送至省级外业调查及举证系统。

调查数据包括省级主管调查部门下发的政务版调查影像、调查图斑及参考数据，并以离线包形式提供使用。其中：调查影像是分辨率优于1m的“三调”正射影像；调查图斑是对初始库中的本底图斑进行预处理形成的矢量数据；参考数据包括2016年土地利用现状数据库、土地利用规划数据库、永久基本农田数据库等资料。所有矢量、栅格数据均使用2000国家大地坐标系，1985国家高程基准，高斯-克吕格投影（3°分带），横坐标加投影带号。

#### 1. 技术路线

技术路线：围绕外业调查的目标任务，按照《广东省第三次全国土地调查工作实施方案》的要求，充分利用遥感、地理信息系统、全球导航卫星定位系统（global navigation satellite system,GNSS)及“政务网+”等技术手段,采用定性定量调查、内外业一体化、调查举证一体化的工作模式,核实图斑与实地的一致性。按照广东省“三调”外业调查及举证技术路线,可将外业调查工作的流程分为初次调查、复核纠错两个阶段(图 2-1)。

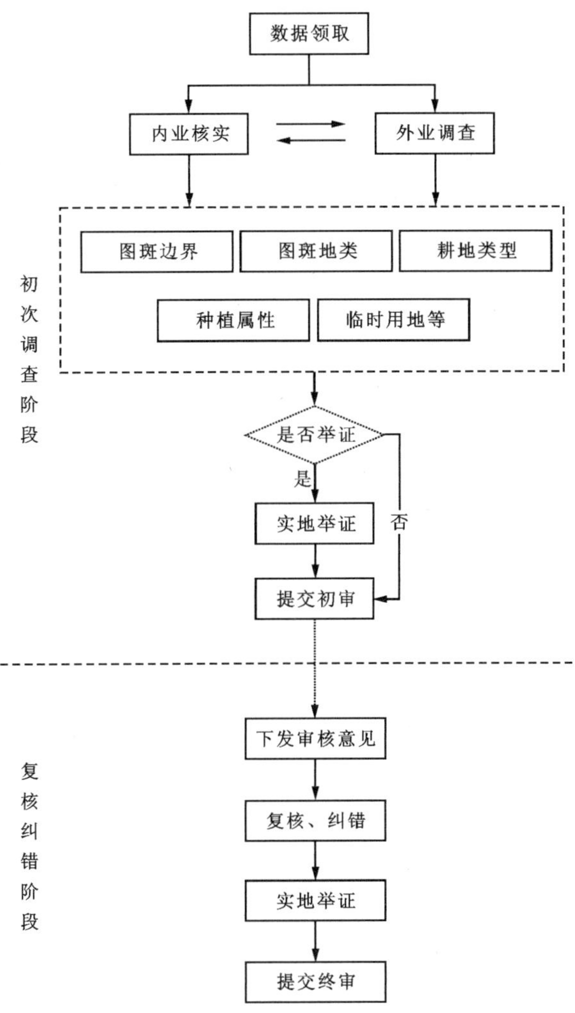


图 2-1　外业调查及图斑举证工作流程

**2. 初次举证**

1)总体要求

(1)应使用省级主管调查部门提供的调查软件完成地方外业调查及举证工作,采用其他软件开展调查或通过拍照所得的数据,省级主管调查部门不予认可。

(2)在初始库图斑外业调查阶段不标注耕地种植属性,原数据库可按现状调查调整地类。

(3)在外业调查阶段,严格按照实地现状调查至图斑末级地类,无须提交用地批文等证明材料。

(4)在外业调查结束时，地方主管调查部门须上报并确认整个初始库所有图斑的外业调查数据。

2)举证原则

(1)对调查数据中标识为“不一致”的图斑原则上必须举证，对因调查界线上图导致图斑被分割成多个部分，面积小于或等于 $200m^2$ 且地方认可省级预判的图斑可不举证。

(2)河流、道路等线性图斑，或面积大的农用地、建设用地图斑，如影像明显支持且纹理一致的，举证时可选取典型特征地段进行拍照，其他备注说明。

(3)实地无法到达或涉及特殊用地的图斑，调查时加标识或说明，可不举证，在省级主管调查部门审核时可列入重点核查图斑。

(4)矢量采集精度等因素导致图斑边界与实地不一致，地方主管调查部门对图斑边界做出调整时原则上必须举证，但对调整后面积变化值小于或等于 $40m^2$ 或调整区域平均宽度小于或等于阈值(建设用地为 1.70m、其他为 4.24m)的图斑边界，可不举证。

(5)对实地已发生变化的图斑，应调查变化部分的边界、地类等信息，并对变化区域重点举证。

(6)对调查为耕地的图斑应填写种植属性、耕地类型，可填写图斑细化类型。种植属性包括耕种、未耕种、休耕，耕地类型包括平地、坡地和梯田，对填写为坡地的图斑必须举证。图斑细化类型包括河道耕地、湖区耕地、林区耕地、牧区耕地、沙荒耕地、石漠化耕地和空值，对填写相应细化类型的图斑必须举证，对填写空值的图斑可不举证。

(7)对调查为种植园用地的图斑应填写种植属性，可填写图斑细化类型。种植属性包括临时种植园木、观赏园艺和空值。图斑细化类型包括林区种植园用地和空值，对填写相应细化类型的图斑必须举证，对填写空值的图斑可不举证。

(8)对调查为林地的图斑应填写种植属性，种植属性包括临时种植林木、林粮间作、速生林木和空值。

(9)对调查为草地的图斑应填写种植属性，可填写图斑细化类型。种植属性包括临时种植牧草、绿化草地和空值。图斑细化类型包括灌丛草地和空值，对填写相应细化类型的图斑必须举证，对填写空值的图斑可不举证。

(10)对实地调查为临时用地、光伏板区、推土区和拆除未尽区等的图斑，分别按临时用地(1301)、光伏板区(1302)、推土区(1303)和拆除未尽区(1304)进行举证。

(11)在城镇村庄范围内省级预判为农用地的图斑调查为建设用地时必须举证；在省级预判为硬化地表(YH)时必须举证；在省级预判为经营性建设用地(JY)、公益性建设用地(GY)、农村宅基地(0702)时，对按城镇村及工矿用地调查的图斑可不举证，对调查为其他地类的图斑必须举证。

(12)对城镇村庄范围外的商业服务业用地、工矿用地、住宅用地、公共管理与公共服务用地(除公园与绿地)、特殊用地统一按城镇村及工矿用地调查且必须举证。

(13)对一级地类发生变化的图斑必须举证；对一级地类为耕地但其内部二级地类发生变化的图斑必须举证；对其他一级地类内部二级地类之间调整的图斑原则上可不举证，但对二级地类调整后是在农用地、建设用地、未利用地之间变化的图斑必须举证。

3)举证矢量成果数据要求

为保证调查数据质量,地方主管调查部门在上报数据前应对调查数据开展全面自查,修正错误。利用省级主管调查部门下发的数据处理软件对调查图斑进行全面检查,修正所有图斑错误。检查内容如下。

(1)数据完整性。检查调查图斑是否存在多余、遗漏内容,检查举证照片是否存在遗漏内容,检查图斑属性是否存在多余、遗漏内容。

(2)逻辑一致性。检查图斑图形、属性表达的一致性,检查属性的值是否在规定的值域内。

(3)拓扑正确性。检查空间要素图形位置的正确性,以及图形间是否存在重叠、相交、缝隙等拓扑错误。

4)拍照要求

举证照片必须采用省级主管调查部门下发的外业调查及举证 APP 在实地拍摄,并保证方向正确、定位准确、内容清晰,能准确反映图斑的整体利用情况和细节特征。具体要求如下。

(1)拍摄 1 张远景照片,能反映图斑的整体利用情况。

(2)拍摄 2～3 张近景照片,面向图斑中心位置水平拍摄,且照片之间有一定的重叠,拼接后能反映出图斑 2/3 以上面积的面貌。

(3)对调查为耕地的图斑,原地类为农用地调查中未利用地的图斑,要求拍摄 2～3 张现状特征照片;对新增建设用地图斑、新增设施农用地图斑,要求拍摄 2～3 张内部利用特征照片;对临时用地图斑原则上要求增加拍摄 1 张有项目名称的正门照片。

(4)对初始库标识不一致且非可不举证类型的图斑、面积小于等于 $200m^2$ 但一级地类发生变化的图斑,必须提供照片。

(5)对地方标识为自主举证的图斑,必须提供照片。

(6)对城镇村内部初始库预判为硬化(YH)、动土(DT)的图斑,必须提供照片;

(7)要求举证拍照的站立点在目标图斑周围,拍摄方向合理,对图斑多角度进行拍摄,严禁刻意避开主体地类。

(8)采用无人机举证时要求拍摄不少于 2 张照片,其中 1 张在目标图斑正上方俯拍,1 张在目标图斑侧向斜拍,拍摄视野范围覆盖图斑范围。可将符合上述要求的图斑拍摄视为完成举证,无须提供远景、近景和特征照片。

5)举证成果上报

各县(区、市)将调查成果通过在线或离线的方式上报至省三调办,为保证数据完整性,一个地方仅可选择一种上报方式。

(1)在线上报。地方主管调查部门使用外业调查及举证系统,通过政务外网由地方管理员在系统中登录后进行成果上报,为保证数据上报效率,建议错峰、分次上报。

(2)离线汇交。地方人员携带介绍信,将含有调查成果的移动硬盘提交至省三调办。调查成果汇交的最小单元为建制村，同一建制村的调查成果原则上不允许重复、多次提交。

**3. 复核纠错与申诉**

各地领取外业调查举证的省级初审意见，统筹开展补充调查和整改，并在 5 日内完成整改和成果再次上报工作。在外业调查举证整改、自主纠错、申诉工作完成后，各地以县(区、市)级为单位提交外业调查举证数据确认函，由地市级第三次全国国土调查领导小组办公室(简称"市三调办")汇总上报至省三调办。

1)自主纠错

在地方外业调查举证成果中，对初审中未被省级主管调查部门指出错误的图斑，如地方主管调查部门自主发现图斑有误，可以根据补充调查情况提出自主纠错申请，待省级初审意见反馈后，分批次在系统修改完毕。

应将所有自主纠错图斑上报省三调办，具体流程为：提交对应的纸质修改图斑说明及清单(加盖县级自然资源主管部门公章，在清单上列明需要修改的图斑编号、修改前后地类、修改原因)，以县(区、市)为单位，由市三调办汇总上报至省三调办。

各县(区、市)自主纠错机会原则上只有 1 次，且一般自主纠错图斑不超过总图斑数的10%。省级主管调查部门将自主纠错图斑纳入省级外业抽查工作重点。

2)意见申诉

在地方外业调查举证中对省级初审意见为"不通过"的错误图斑，若地方主管调查部门认为省级意见错误，可按照实事求是的原则，在该图斑所属批次的省级审核意见下发起 5 日内重新举证上报。

在所有申诉图斑上报省三调办后，应提交纸质版申诉图斑说明及清单(加盖县级自然资源主管部门公章，在清单上列明需要申诉的图斑编号、申诉原因)，以县(区、市)为单位，由地级以上市三调办汇总上报至省三调办。

各地申诉机会原则上只有 1 次，地方上报的申诉图斑将作为省级外业抽查工作重点。

### (五)举证成果整理

终审后，广东省自然资源厅下发外业调查举证成果，地方主管调查部门依据该成果补充完善初始库本底图斑层和城镇村等用地图层数据，整理输出外业调查图件，利用省"三调"数据库成果省级检查系统(单机版软件)输出举证成果信息表等相关文档，填写国土调查记录表。

## 三、城镇村内部土地利用现状调查

广东省对城镇村内的土地利用现状开展细化调查，主要任务是全面查清全省城镇村内部商业服务业、工业、采矿、仓储、住宅、公共管理与公共服务、特殊用地等地类的土地利用状况，实现国土资源的精细化管理。

### （一）总体技术流程

城镇村内部土地利用调查是以高分辨率正射影像图为基础，收集相关资料，划定城镇村内部土地利用现状图斑。具体生产流程如图 2－2～图 2－4 所示。

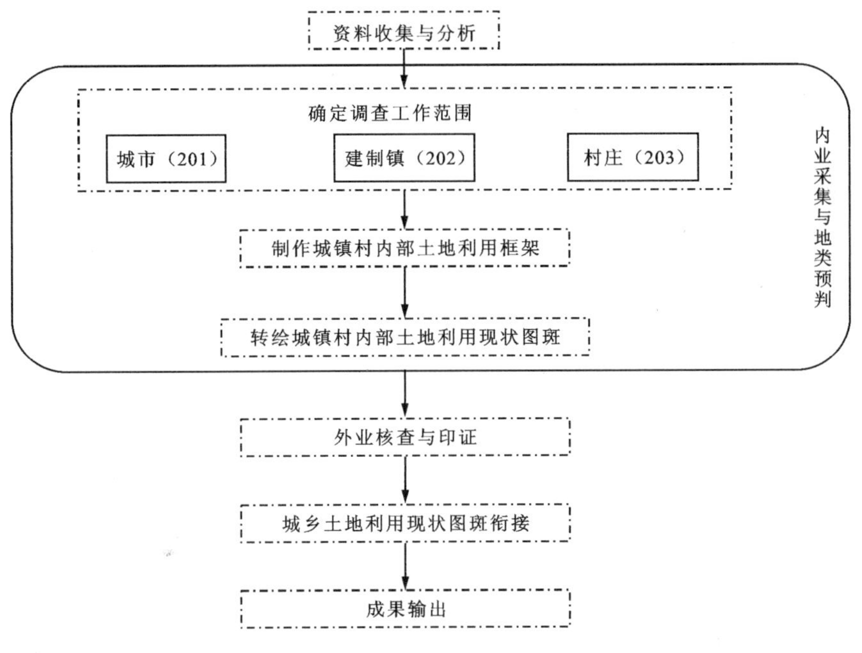


图 2－2　城镇村地类打开流程

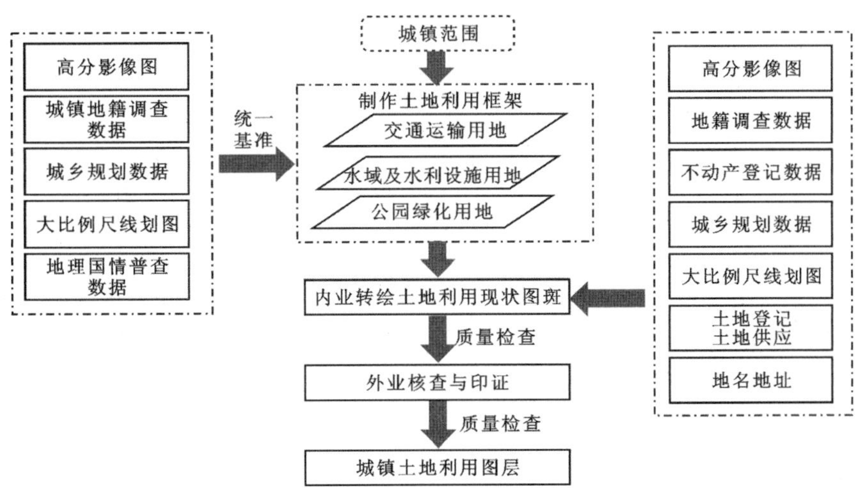


图 2－3　城镇地类打开调查流程

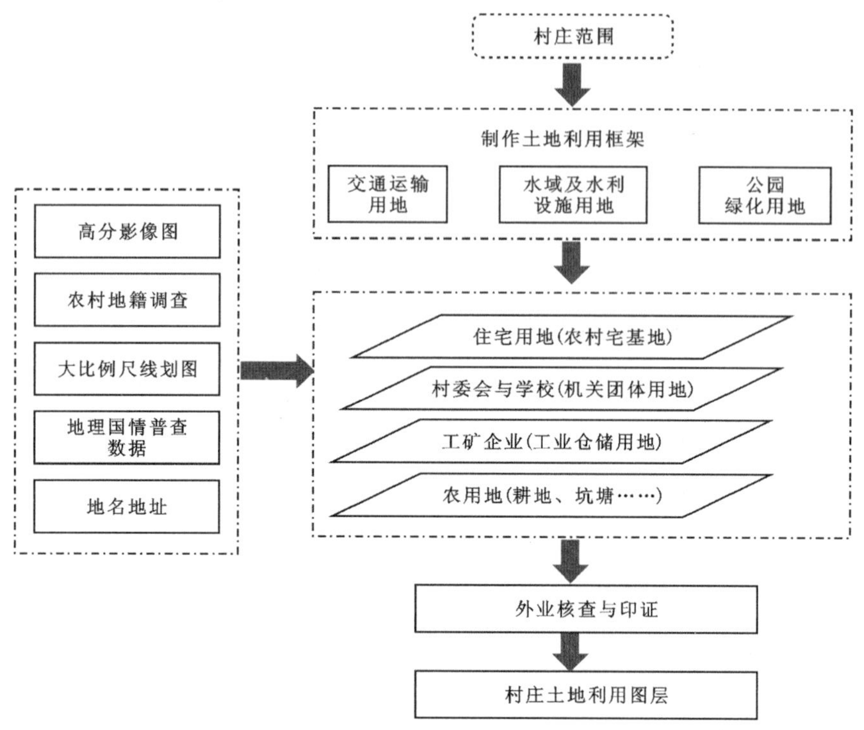


图 2-4　村庄地类打开流程

### (二)基础资料分析

分析基础资料是指根据调查区实际情况,收集调查范围内的地籍调查成果数据,如2014年以后优于0.2m分辨率正射影像图,地籍调查,不动产登记,土地审批、土地登记、土地供应,城乡规划,地名地址,1∶500～1∶2000数字线划图,地理国情普查,水利、交通部门数据,农村集体土地所有权等相关资料(表2-4),并将收集的资料统一坐标基准,分析各项数据,原则上低精度成果服从高精度成果。

(1)高分影像。使用2014年以后的0.2m或以上分辨率的正射影像图。

(2)地籍调查成果。该成果包括城镇地籍调查和农村地籍调查,优先使用现势性较好、精度较高的成果。利用地籍调查的图形转绘图斑界线,参照地籍调查的用途属性预判地类。

(3)不动产登记成果。利用不动产登记中的土地用途、宗地及自然幢数据,核实图斑边界及地类等相关属性内容。

(4)城乡规划成果。参照城乡规划提取道路、水系、绿地等数据制作土地利用框架,结合城乡规划功能分区,勾绘图斑预判地类。

(5)地名地址成果。利用地名地址、兴趣点数据的分类代码及名称等属性预判地类。

(6)1∶500～1∶2000数字线划图。利用大比例尺数字线划图提取道路、水系等数据制作土地利用框架,再参考影像,综合、勾绘图斑,结合地名地址兴趣点预判其属性。

表 2-4 城镇村内部土地利用调查已有资料分析说明

| 序号 | 内容 | 用途说明 |
|---|---|---|
| 1 | 高分影像 | 城镇村图斑勾绘的底图影像 |
| 2 | 地籍调查成果，不动产登记成果，土地审批、土地登记、土地供应成果 | 确定城镇村图斑边界、地类预判、权属单位的基础资料，地方主管调查部门可结合自身已有资料及现势性情况，优先使用最新的成果。例如有的地方有最新的地籍调查成果，且覆盖调查区范围，可优先使用 |
| 3 | 城乡规划成果 | 提取道路、水系、绿地等数据制作土地利用框架，形成城镇村打开工作区 |
| 4 | 地名地址成果 | 参考名称属性，结合工作分类含义预判地类 |
| 5 | 1∶500～1∶2000 数字线划图 | 参考房屋及道路、水系等层的图形，转绘后再综合勾绘来确定城镇村图斑边界 |
| 6 | 地理国情普查成果 | 提取道路、水系等数据制作城镇村土地利用框架 |
| 7 | 水利、交通部门数据 | 参考水利、交通部门的最新数据，提取道路、水系等数据制作城镇村土地利用框架 |
| 8 | 农村集体土地所有权成果 | 确定城镇村图斑权属单位的基础资料 |

(7)土地审批、土地登记、土地供应成果。利用其用途属性，可作为内业勾绘、核实图斑边界、预判核实地类等的依据。

(8)地理国情普查成果。利用地理国情普查成果提取道路、水系等数据，制作土地利用框架。

(9)水利、交通部门数据。利用地方收集的水利、交通部门数据，参照高分辨率影像，转绘制作土地利用框架。

(10)农村集体土地所有权成果。可作为填写权属单位名称的参考资料。

### (三)调查范围确定

调查范围确定是指参照初始库内业划定的城镇村庄调查范围，根据实地调查情况，结合省级主管调查部门终审意见，确定新的范围边界。

(1)在初始库下发前，可参照最新年度土地变更调查的城镇村范围，结合影像和实地情况划定新的范围边界，先行开展城镇村庄内部土地利用现状调查。待初始库下发后，对实际调查的201～203范围与初始库的201～203范围进行对比分析，对差异部分应进行举证、调整或确认。

(2)结合影像和已有资料，按照集中连片的原则，复核划定调查范围。

## (四)内业处理

### 1. 土地利用框架构建

土地利用框架数据是指由城市(201)、建制镇(202)、村庄(203)内部的交通运输用地、水域及水利设施用地、公园与绿地等构成的城市土地利用框架。城镇村土地利用框架搭建方法:利用高分影像、地籍调查、数字线划图、城乡规划或地理国情普查等数据,采用转换、提取或矢量化等方法,勾绘城镇土地调查区内的交通运输用地、水域及水利设施用地、公园与绿地等,构建土地利用框架,制作城镇村内部地类细化调查的工作分区,即进行网格化控制。

在制作框架过程中,针对不同类型区域选择相应的调查方法,对已完成地籍调查且成果现势性较好的区域,可优先采用地籍调查成果数据。

(1)使用地籍调查数据构建。对已完成地籍调查且成果现势性较好的区域,直接利用现有地籍调查成果,通过数据提取的方式制作框架数据。如提取出该数据中对应的交通运输用地、水域及水利设施用地、公园与绿地,参照高分影像图调整修正边界之后,制作土地利用框架数据。

(2)使用大比例尺数字线划图构建。若地方主管调查部门已完成数字地理空间框架建设的区域有大比例尺数字线划图,且覆盖调查区域,可通过提取的方式制作框架数据。如提取出该数据中的主、次干道,以及支线、水域及水利设施用地,参照高分影像调整修正边界之后,制作土地利用框架数据。

(3)使用城乡规划数据构建。若地方规划数据比较符合现势性要求,则在最新的高分影像基础上套合城乡规划数据,按照《第三次全国国土调查工作分类》,选择规划红线、规划蓝线、规划绿线,对比分析已有影像地物特征一致性,补充制作土地利用框架,具体方法为:①参照正射影像图,结合城镇道路规划中的红线来确定城镇的交通运输用地;②参照正射影像图,结合城镇道路规划中的蓝线来确定城镇的水域及水利设施用地;③参照正射影像图,结合城镇道路规划中的绿线来确定城镇的公园与绿地;④规划界线和影像特征界线一致时,直接使用该界线;⑤规划界线和影像特征界线不一致时,以影像特征界线为准。

(4)使用国情普查数据构建。若地方主管调查部门既没有地籍资料,又没有大比例尺数字线划图或城乡规划等数据,则可利用地理国情普查数据,通过数据提取的方式制作框架数据。如在作业区域范围内提取地表覆盖中对应的交通运输用地、水域及水利设施用地,参照正射影像图调整修正后,制作土地利用框架数据。

(5)使用高分影像图构建。综合利用城乡规划、国情普查数据、地籍图和地形图等现有资料,并参照现有的高分影像图来进行城镇土地利用框架数据矢量化采集。在提取城镇土地利用框架数据时,需要根据《第三次全国国土调查工作分类》,结合影像特征,确定交通运输用地、水域及水利设施用地、公园与绿地等的边界。

**2. 内业转绘(勾绘)土地利用图斑**

1)城镇土地利用图斑转绘

城镇土地利用框架数据制作完成之后，城市(201)、建制镇(202)已被网格化，并已被划分为多个工作分区。以城镇内部土地利用调查底图即高分影像为基础，结合城镇地籍调查中宗地界线、土地用途或参考城乡规划的功能分区，按照《第三次全国国土调查工作分类》合并土地利用类型一致的宗地，并结合影像特征初步勾绘城镇土地利用现状图斑。对有多种用途的宗地按主要用途调查，对超大型宗地按宗地内不同用途划分为不同图斑，主要包括以下几种方法。

(1)依据高分影像，结合影像纹理特征，参考城乡规划数据的功能分区，按照《第三次全国国土调查工作分类》，初步勾绘城镇土地利用图斑。

(2)使用地籍调查数据、土地审批数据、土地供应数据、土地登记数据，套合高分影像，转绘城镇土地利用图斑，参考地籍调查、土地登记等数据的宗地用途，内业预判地类。若存在地籍调查、土地登记等数据没覆盖到的区域，应结合地名地址兴趣点，内业预判图斑地类，参照影像纹理特征勾绘图斑范围。

(3)检查、修正错误的城镇土地利用图斑，利用不动产登记数据，内业检查图斑边界、地类的正确性，针对核查发现的问题，修正城镇土地利用图斑边界和地类属性等内容。若利用已有资料也无法检查图斑正确性的区域，应适当地进行外业补充核查。

(4)城镇土地利用图斑修正完成后，初步检查图斑之间的拓扑关系，补充完善图斑属性内容，建立城镇土地利用矢量数据图层。

(5)对城镇内部的全部图斑，属于城市的标注“201”，属于建制镇的标注“202”；对城镇范围内的独立工业仓储用地，则分别标注“201A”“202A”。

2)村庄内部土地利用现状图斑复核

以高分影像调查底图为基础，根据初始库对村庄内部地类的预判信息，结合农村地籍调查成果(农村地籍调查土地用途与第三次全国国土调查工作分类对照表)，采用转换、提取等方法，对照正射影像图，复核村庄土地调查区内的公用道路、农村住宅用地、村委会与学校、工矿企业、其他土地等，补充完善形成覆盖全部调查区的村庄土地利用现状图斑。作业过程中必须按以下要求开展工作。

(1)村庄内部的超过上图面积的耕地、园地、林地按实地现状调绘。房前屋后不够上图面积的空地、晒场、树木及宅基地之间的通道等可归并到相邻的宅基地图斑。村庄内部符合上图面积的水塘宜按照使用特征调绘，以生活用水为主的水塘可归并到相邻的建设用地图斑，以农业生产用水为主的水塘应调绘坑塘水面。

(2)村庄内部的村委会、学校、广场、绿地、工矿仓储用地等应按照《第三次全国国土调查工作分类》中的相应地类细化调查。

(3)穿越村庄的公路、河流、铁路等，不作为村庄内部的图斑进行调绘。

(4)对没有农村地籍调查成果的区域，直接利用正射影像图，依据影像特征和现状，结合地名地址，勾绘村庄土地调查区内的公用道路(街巷用地)、农村居民点(农村宅基地)、村委会与学校(机关团体用地)、工矿企业(工业用地)、水塘(坑塘水面)与林木(公园与绿地)、其他土地等,形成覆盖全部调查区的村庄土地利用图斑。

(5)应将村庄内部的全部图斑标注“203”属性,对村庄范围内的独立工业仓储用地则标注“203A”。

3)图斑标注

对于工业仓储用地按照类型细化标注为火电工业用地——HDGY,钢铁工业用地——GTGY,煤矿工业用地——MKGY,水泥工业用地——SNGY,玻璃工业用地——BLGY,电解铝工业用地——DLGY。

4)城镇村多用途复合用地处理

对于城镇村庄内部多用途复合用地,须调查出该复合用地的主要用途和次要用途,在“三调”县级数据库地类图斑层的“地类编码”和“地类名称”字段填写复合用地主要用途所对应的地类编码及地类名称,在“备注”字段填写复合用地次要用途所对应的地类编码及次要用途面积占比。

(1)填写主要用途。多用途复合用地的主要用途需要在“三调”县级数据库地类图斑层中的“地类编码”和“地类名称”字段中填写,并依据《第三次全国国土调查工作分类》要求填写相应地类编码、地类名称值,值域范围为商业服务业用地(05)、工矿用地(06)、住宅用地(07)、公共管理与公共服务用地(08)、特殊用地(09)的末级地类。

(2)填写次要用途。在地类图斑层的“备注”字段中,前12位需要填写复合用地的次要用途及次要用途所占比例,中间以半角逗号隔开,以半角分号结束。“备注”字段中前5位填写多用途复合用地次要用途所对应的地类编码,地类编码值域范围为商业服务业用地(05)、工矿用地(06)、住宅用地(07)、公共管理与公共服务用地(08)、特殊用地(09)的末级地类。若地类编码不足5位,则必须以空格补齐;若该图斑仅有唯一用途,则填写5个空格。以小数形式表示次要用途面积占比,小数位数为3位,不足3位,必须以0补齐,且数值必须小于0.5。省级主管调查部门下发的县级建库软件及成果检查软件将集成相应的填写和检查规则。

示例:一栋长方体的单体建筑物,高10层,其中第1层为餐饮商铺,第2至第10层为居民住宅,具体填写内容如表2-5所示。若该建筑物为居民住宅,具体填写内容如表2-6所示。

**表2-5 多用途宗地地类图斑属性表**

| 序号 | 字段名称 | 字段代码 | 字段类型 | 字段长度 | 小数位数 | 约束条件 | 填写示例 |
|---|---|---|---|---|---|---|---|
| 5 | 地类编码 | DLBM | Char | 5 | | M | 0701 |
| 6 | 地类名称 | DLMC | Char | 60 | | M | 城镇住宅用地 |
| ⋮ | ⋮ | ⋮ | ⋮ | ⋮ | ⋮ | ⋮ | ⋮ |
| 28 | 备注 | BZ | VarChar | | | C | 05H1,0.100; |

表 2-6 单一用途宗地地类图斑属性表

| 序号 | 字段名称 | 字段代码 | 字段类型 | 字段长度 | 小数位数 | 约束条件 | 填写示例 |
|---|---|---|---|---|---|---|---|
| 5 | 地类编码 | DLBM | Char | 5 | | M | 0701 |
| 6 | 地类名称 | DLMC | Char | 60 | | M | 城镇住宅用地 |
| ⋮ | ⋮ | ⋮ | ⋮ | ⋮ | ⋮ | ⋮ | ⋮ |
| 28 | 备注 | BZ | VarChar | | | C | 05H1,0.100; |

(3)其他特殊情况处理:①对于特大型的厂矿企业、工业园区,内部土地利用类型显著不同且界线明显的,可以依据土地利用现状分类划分成多个图斑;②对于城镇居民点夹杂独栋工业仓储用地,且已达到上图面积的应单独采集;③对城镇内部主干道、次干道及支路可按照城镇村道路用地图斑调查,其他道路归并到相邻图斑,对于城镇道路两侧非商业区的商业门面等,以最大边界为归并原则,归并到相邻非道路图斑;④对于特大型居住小区,按照现状结合相应规划的功能分区划分图斑;⑤对于不起通行作用的房前屋后的硬化地表,根据相应工作分类划分图斑;⑥对于沿街两边建设用地,若主体是住宅用途且属于非城镇区域,应按照相应工作分类划分图斑。

### (五)外业核查

外业核查是指参考地籍调查、不动产登记、土地审批、土地供应、土地登记、土地整治和其他相关资料,结合实地查勘,核实城镇村土地利用图斑的准确性,同时针对外业核实发现的问题,修正城镇村土地利用图斑边界和地类属性等内容。

外业核查的主要工作是逐图斑开展实地调查,修正图斑范围,核实、补充各地类图斑信息。重点是:对实地调查地类与内业预判地类一致的图斑,予以确认并完善相关信息;对实地调查与内业预判地类不一致的图斑,应以实地调查地类为准,修改内业预判地类。外业核查基本要求如下。

(1)设计外业核查路线。在外业实地调查核实前,首先要在室内设计好外业核实路线。核实路线以既要少走路又不至于漏掉核查的图斑为原则,并做到走到、看到、问到、画到。

(2)确定站立点。为了提高核查的质量和效率,首先要选好站立点,并确定站立点在图上的位置,按计划路线调绘,同时要向两侧铺开,尽量扩大核查范围。

(3)实地核实。应采取"远看近判"的方法,将地类的界线、范围、属性等调查内容准确调绘在移动终端上。依据外业调查的实地现状,对内业预判或无法预判的内容进行核实或补充调绘。

### (六)城乡土地利用现状图斑衔接

#### 1. 衔接内容

衔接内容以国家下发影像为基础,衔接城乡土地利用现状图斑,重点做好城镇村调查范围与农村土地利用现状调查范围，国有土地图斑之间，国有土地图斑与集体土地图斑、集体土地图斑之间，城镇村道路图斑与农村道路图斑等界线位置和属性内容的衔接工作。

**2. 衔接要求**

（1）城镇村土地调查范围、界线与农村土地利用现状调查范围、界线应无缝衔接。

（2）城镇村内部土地利用现状图斑和农村土地利用现状图斑应无缝衔接。

（3）城镇村内部土地利用现状图斑与农村土地利用现状图斑相互衔接时，以低精度服从高精度为基本原则，考虑图斑衔接的顺滑性和协调性。

（4）在城镇村道路与农村道路相互连通时，应各自独立划定图斑，同时要保持道路衔接的完整性和顺滑性。

### （七）成果整理

成果整理是指根据城镇村庄内部调查成果，生成城镇村庄内部土地利用现状图层数据，并在数据库建设阶段与农村土地利用现状图层数据衔接。

## 四、海岛调查

广东省主管调查部门对照经国务院批准的《中国海域海岛标准名录》开展海岛调查与统计。海岛范围调查至零米等深线。

（1）对有常住居民的海岛，应实地调查。将调查底图覆盖到的其他海岛，调绘至底图上；调查底图覆盖不到的有常住居民的海岛，依据全国三调办下发的海岛数据确定其位置，对海岛的名称、地类和面积等进行统计。

（2）对无居民海岛，应同步调查开发利用现状，按无居民海岛开发利用现状分类调查汇总，并填写无居民海岛现状调查汇总表。

## 五、专项用地调查与评价

广东省主管调查部门基于土地利用现状、土地权属等调查成果和国土资源管理形成的各类管理信息，结合国土资源精细化管理、节约集约用地评价及相关专项工作的需要，开展系列专项用地调查与评价。

### （一）耕地细化调查

耕地细化调查是指对永久基本农田范围以外的耕地图斑，参考相关部门的有关资料，根据耕地的位置和立地条件，开展细化调查，并标注相应属性，包括河道、湖区、林区范围内的耕地等。

### （二）批准未建设的建设用地调查

对批准未建设的建设用地应按实地现状进行调查。将全国三调办下发的在自然资源部监管平台备案的新增建设用地审批界线落实在县级土地调查成果上，县（市、区）三调办应整理土地审批资料，补充完善建设用地审批信息，及时报部备案。

### (三)耕地质量等级调查评价和耕地分等定级调查评价

(1)耕地质量等级调查评价。健全耕地质量等级评价指标体系，以县为单位开展耕地质量等级评价，开展耕地质量调查、样品采集与监测工作，建立县域耕地质量评价数据库，汇总分析全省耕地质量等级成果。

(2)耕地分等定级调查评价。梳理现有耕地分等定级成果，依据修订后的耕地分等国家级参数，修订和规范省级参数，分县编制分等单元图和分等因素分级图，开展土地利用系数和指定作物产量比的补充调查和测算工作，按照与已有分等成果相衔接的原则，结合土地调查成果，更新分等数据库，进行分等数据库的核查入库，形成全省耕地分等定级专项数据库。

## 六、统一时点更新调查

"三调"统一时点更新的主要目标是在初始调查成果(简称"二上"数据库)基础上，通过全面内外业补充调查，将"三调"成果反映的国土空间利用状况更新到2019年12月31日统一时点上，满足国民经济和社会发展对于国土利用基础数据的需要。统一时点更新调查的主要任务是按照国家统一标准，在全省范围内利用卫星遥感、互联网、云计算等技术，统筹利用现有资料，以最新的正射影像图为基础，提取地类变化信息，开展实地调查举证工作，全面掌握"三调"初始时点和统一时点间每一块变化土地的地类、范围、权属和面积等实际情况，以便更新"三调"数据库。

### (一)地方变化图斑提取

县级第三次全国国土调查领导小组办公室(简称"县三调办")自主负责统一时点更新地类变化图斑提取工作并确保变化图斑提取成果的全面性和准确性。县三调办组织作业单位通过比对"二上"数据库与"三调"统一时点更新正射影像图，对本辖区内发生变化的图斑开展全面提取工作；同时参考省级部门下发的各类土地疑似发生变化的信息点数据进行查漏补缺，形成完整的地类变化图斑成果上报省三调办。

省三调办对地方上报的变化图斑提取成果进行逐图斑审核，重点检查地方自主提取的变化图斑是否属实、图斑边界勾绘是否准确以及图斑地类预判是否合理等，并将审核发现的漏提、错提图斑反馈给地方，各地应对错误图斑进行认真核实与修改，并将整改成果上报省三调办复核。省三调办复核通过后将变化图斑提取成果正式下发地方，并同步进行脱密上线，各地通过省级外业调查及举证系统领取任务并及时开展外业实地调查及举证工作。

### (二)初始调查问题图斑下发与上线

"三调"统一时点更新初始调查问题图斑主要包括以下几种类型：①国家级主管调查部门内业核查反馈的未整改到位的错误图斑，以及"互联网＋"和外业核查环节确认的错误图斑；②省级主管调查部门核查发现的未整改到位的错误图斑；③省级主管调查部门统一提取的垦造水田、补充耕地、拆旧复垦、增减挂钩等项目范围内需要更新的相关图斑。以上所有图斑均需纳入外业调查举证范畴并由省三调办统一整理后分批进行数据上线，同步下发地方主管调查部门。各县级调查单元组织作业队伍，按照国家方案要求对所有上线数据进行外业实地调查及举证，并如实上报调查结果。

为满足统一时点更新调查的工作要求，结合广东省实际，主管调查部门开展了统一时点影像切片生产和离线数据包制作工作。

(1)数据整理。根据国家统一时点更新遥感影像下发的进度和数据版本，开展数据整理、影像镶嵌、接边处理，形成各区县的遥感影像配图文档。因国家遥感影像下发的频次和范围存在不确定性，原则上要采用新下发影像数据进行更新，数据整理工作可能存在反复或返工问题。

(2)切片生产。利用高性能工作站或服务器，对完成整理的遥感影像及配图文档开展影像切片工作。切片生产工作完成后，需要开展质量检查工作，主要内容包括但不限于：切片级别是否完整、分辨率是否正确、图面是否拉花等。对存在问题的影像，重新开展切片生产工作。

(3)离线包制作。利用制作好并经质量检查符合要求的影像切片，采用工具转换方式，逐县制作用于外业调查平板端使用的离线数据包。需要将制作完成的离线数据包导入平板中，并使用外业调查及举证 APP 测试离线数据包，确认数据包可加载、可显示。

(4)数据下发。分批通知各地，采用移动硬盘拷贝方式领取离线数据包。

### (三)更新外业调查与举证

按照以实地现状认定地类的原则，外业调查人员依托省外业调查及举证系统，使用外业调查终端设备，对国家内业提取的变化图斑以及其他更新的图斑进行外业调查与举证，将包含图斑地类定性与利用现状范围、实地 GPS 坐标、拍摄方位角、拍摄时间、实地照片及举证说明等综合信息的加密举证数据包，报送至省外业调查及举证系统。

#### 1. 农村土地利用现状更新

县级调查单元须按照实地现状认定地类的原则，利用省级统一的可以外业调查举证平台，实地逐图斑核实确认图斑地类，并标注信息，调绘图斑边界，核实地类，并标注信息，记录土地权属等相关属性信息。

除省级主管调查部门下发的上线数据外，对于自然资源部门业务管理相关的数据，以及影像未发生变化但实地地类发生变化的相关的图斑，地方主管调查部门可根据实际情况进行自主举证上报。

“三调”统一时点更新的地类调查认定要求应与全国三调办下发的《第三次全国土地调查实施方案》《第三次全国国土调查技术规程》《第三次全国国土调查技术问答》等相关技术文档以及省级实施方案保持一致。

#### 2. 城镇村庄内部土地利用现状细化调查

县级调查单元充分利用高分辨率正射影像图、大比例尺地形图、地籍调查、地理国情普查、不动产登记及城镇规划等成果，开展“三调”统一时点更新城镇村庄内部土地利用现状调查。对地籍调查和不动产登记中发生变化的图斑，要按照全国三调办下发的《第三次全国土地调查实施方案》《第三次全国国土调查工作分类》以及省三调办下发的《第三次全国土地调查实施方案》的要求，补充开展变化调查。对于地籍调查和不动产登记资料覆盖不完整或数据现势性不强的图斑，各区县的县三调办应协调辖区街道办事处、乡镇政府，了解城镇内部拆建情况，涉及地类变化的要及时予以更新。对于以上涉及地类变化的区域，各县（市、区）可利用统一的省级外业调查举证平台进行自主举证。

**3. 权属界线上图和补充调查**

县级调查单元根据日常确权登记工作掌握的权属变化情况，并结合全国农村集体资产清产核资和集体土地所有权数据库成果更新工作开展“三调”统一时点权属更新工作，对权属界线发生变化的图斑，按照集体土地所有权和不动产调查相关规定，开展权属界线补充调查工作。

**4.“坑塘及裸土地专项图斑”外业举证**

对于省级主管调查部门下发的“坑塘及裸土地专项图斑”，各地在外业调查阶段按照最新要求如实举证上报，且必须提供举证照片，不得采用其他方式举证；除省级主管调查部门下发的专项图斑外，如有类似情况的图斑，地方主管调查部门也可通过自主举证的方式进行上报。

**5. 省级审核**

省级审核人员在省级外业调查及举证系统，针对地方上报的外业调查与举证结果和实地拍摄的照片，采用计算机自动比对和人机交互的作业方式对地方主管调查部门上报的图斑举证结果的正确性进行判定。

**6. 外业抽查**

外业抽查是指抽取一定量的图斑，核查图斑的地类、边界的正确性，并确定一定数量的图斑进行外业实地核查。

### （四）统一时点数据库更新

对于地方主管调查部门上报的数据，省三调办组织了专门的省级核查队伍对所有图斑进行逐图斑审核，省级检查通过后将终审意见下发地方主管调查部门。各县级调查单元按照全国三调办制定的“三调”统一时点数据更新技术要求使用“三调”统一时点数据更新软件，以省级终审意见为依据，采用增量更新的方式，开展统一时点数据库更新工作，并将统一时点更新数据成果按时上报省三调办。

**1. 数据库更新要求**

“三调”统一时点数据库更新工作应以各地复核阶段上报的最终版“二上”数据库及统计表为基准，且“二上”数据库必须经过省三调办及全国三调办组织的质量检查。

县级统一时点更新数据包必须完全通过质检软件核查，确保数据成果无误。

**2. 更新方法**

县级主管调查部门采用“三调”统一时点数据更新软件，以“二上”数据库为基础，将发生变化的信息逐块录入并变更“二上”数据库，生成“二上”数据库与统一时点之间的增量变化信息及相关变更统计报表。

县级主管调查部门利用国家统一下发的“三调”数据库质量检查软件，将增量变化信息导入该软件生成县级统一时点更新数据包，并利用“三调”数据库质量检查软件开展统一时点更新数据包和“二上”数据库的校核与数据质量检查工作。

最后，县级统一时点更新数据包成果通过省级成果质量检查以及国家最终质量检查后，各级三调办组织开展本级“三调”数据库统一时点更新工作。

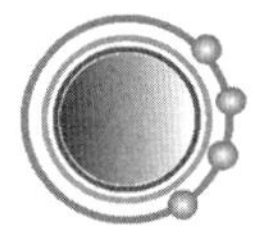

# 第三章　数据生产与更新

## 第一节　“一调”数据生产与更新

“一调”数据生产与更新主要是指在外业调绘的基础上，对调查结果进行土地面积量算，进而进行市级数据汇总与省级数据汇总。

### 一、地(市)级数据汇总

土地利用现状调查地(市)级数据汇总，是指在全面审查县级土地详查成果的基础上，经过分析、综合，按照科学方法汇总出全地(市)辖区内各类土地面积、分布、权属和利用状况，并总结土地利用的经验和存在的问题，对土地利用现状做出科学的分析和分区，探寻进一步合理利用土地资源的途径及应采取的措施。为制定国民经济计划和有关政策，编制土地利用规划、区域土地开发战略、农业综合区划，合理利用和科学管理土地等工作提供依据和资料。具体原则与要求如下。

(1)汇总应遵循数出有据，图出有源，文字报告内容翔实，图、文、表并茂，坚持成果的科学性、完整性和实用性等原则。

(2)对辖区内所有县级土地详查成果，要严格按照《土地利用现状调查技术规程》(国发〔1984〕70号)和补充规定进行全面核检。凡不符合要求的成果必须处理。

(3)按地(市)行政辖区汇总。末级行政区划单位到乡(镇)。

(4)要按《土地利用现状调查技术规程》(国发〔1984〕70号)统一要求的一级和二级地类汇总出土地详查时查实的各类土地面积的原始数据，并在此基础上，通过每年土地变更调查，得到汇总前一年的各类土地面积数据。要严格保证汇总数据的准确性，任何单位或个人不得修改，违者要追究责任人的责任。

(5)以标准分幅县级土地利用现状图为基础图件，涉及相邻地(市)接边的图幅，以接边处理后的结果为准。

### 二、省级数据汇总

土地利用现状调查省级数据汇总，是指在全面审查地(市)级土地详查汇总成果的基础上，结合县级土地详查等有关资料，进行分析、综合，汇总出全省(区、市)辖区内各类土地面积、分布、权属和利用状况，并总结土地利用的基本经验和问题，对全省(区、市)土地利用现状做出科学的分析和分区，探寻充分合理利用土地资源的途径和措施。为制定国民经济计划和有关政策，编制土地利用总体规划、农业综合区划，合理利用和科学管理土地等工作提供依据和资料，并为全国土地详查汇总提供基础资料。基本要求如下。

（1）汇总应坚持成果的科学性、完整性和实用性，遵循数出有据、图绘有源、文撰有依的原则，做到数据真实、准确、完整，图件实用、精细、美观，文字成果内容丰富翔实、图文表并茂、分析有深度，使省（区、市）级汇总成果既源于县、地（市）级成果，又优于县、地（市）级成果。

（2）辖区内所有地（市）级汇总成果，要严格按照《土地利用现状调查技术规程》（国发〔1984〕70 号）和《土地利用现状调查地（市）级汇总技术规程》（简称《地（市）级汇总技术规程》进行全面核检，对凡不符合要求的成果必须处理。

（3）要严格按照《土地利用现状调查技术规程》（国发〔1984〕70 号）、《地（市）级汇总技术规程》的规定进行各级境界线接边。将协商不一致的争议区所划定的工作界线只用于面积量算及汇总，不以此作为确权划界的依据。

（4）要以地（市）级数据汇总成果为基础，按《土地利用现状调查技术规程》（国发〔1984〕70 号）统一规定的一级、二级地类进行省级数据汇总，汇总出土地详查时查实的各类土地面积的原始数据和通过土地变更得到的汇总前一年的各类土地面积的变更数据。在数据汇总时，要严格审查县级土地详查原始数据，坚决维护土地面积数据的真实性和准确性，任何单位和个人不得伪造、篡改，违者要追究责任人的责任，首先要追究领导者的责任。

（5）图件编制以标准分幅地（市）级土地利用现状图为基础图件，全面、系统地反映省（区、市）土地利用类型、面积、分布、利用现状及其与自然、社会经济要素的相互关系。

## 第二节　“二调”数据生产与更新

### 一、调查底图生产制作

根据与国务院第二次全国土地调查领导小组办公室（简称“全国二调办”）签订的《广东省第二次全国土地调查底图生产》项目合同，全国二调办下达广东省承担本省 16 个地级市（广州、深圳、珠海、中山、佛山 5 个地级市的调查底图由全国二调办下发），共 96 个县（市、区）163 271km$^2$ 的“二调”底图生产任务。

广东省共分为粤西、粤北、粤东、东莞、江门共 5 个工作区，依据制作底图的数据源获取时间和数据类型。在粤西工作区采用 2006 年 5 月至 2007 年 2 月的 SPOT5 数据 34 景，生产 1∶1 万标准分幅 2421 幅；在粤北工作区主要采用 2007 年 5 月至 2008 年 2 月的 SPOT5 数据 33 景，生产 1∶1 万标准分幅 1793 幅，其中约 79 幅调查底图采用 2004 年 10 月至 11 月的 SPOT5 数据，约 58 幅调查底图采用 2005 年 1 月的 SPOT5 数据；在粤东工作区主要采用常规 2005 年 11 月至 2006 年 12 月航空摄影数据，生产 1∶1 万标准分幅 1389 幅，其中约 24 幅调查底图采用 2005 年 11 月、2006 年 2 月的 SPOT5 数据，14 幅调查底图采用 2004 年 2

月的 IKONOS 数据；在东莞工作区采用 DMC 数码航空摄影数据，生产 1∶1 万标准分幅 65 幅；在江门工作区采用 2006 年 9 月至 2008 年 2 月的 QuickBird 数据 35 景、2007 年 1 月和 11 月的 SPOT5 数据 5 景，生产 1∶1 万标准分幅 406 幅。

## 二、控制界线制作与控制面积计算

广东省主管调查部门依据全国二调办下发的广东省“二调”控制界线、香港和澳门特别行政区界、零米线、岛屿边界线和广东省民政厅提供的市、县（市、区）级行政区域界线底图，制作包括 121 个县（市、区）和东莞、中山两个地级市的全省“二调”控制界线工作底图。

在控制界线工作底图基础上，依据全国二调办下发的广东省全省控制面积及标准图幅理论面积进行计算，确定了广东省 121 个县（市、区）及东莞、中山两个地级市的控制界线、控制面积和全省 6599 幅 1∶1 万标准分幅的控制界线面积。成果上报全国二调办备案，同时下发全省各县（市、区）使用。

## 三、田坎系数测算

为了确保全省“二调”田坎系数的准确性、统一性和一致性，充分反映当地实际情况，广东省第二次土地调查办公室（简称“广东省二调办”）根据《第二次全国土地调查技术规程》（TD/T 1014—2007）的规定，制定了《广东省第二次土地调查田坎系数测算方案》，统一组织测算本省田坎系数，形成广东省“二调”耕地田坎扣除办法及系数（表 3－1），同时下发全省各级土地调查领导小组办公室使用。

**表 3－1 广东省“二调”耕地梯田田坎扣除系数表（试用）**

<table>
<tr><td rowspan="4">丘陵</td><td>坡度分级</td><td>2°～6°</td><td>6°～15°</td><td>15°～25°</td><td>>25°</td></tr>
<tr><td>分级代码</td><td>Ⅱ</td><td>Ⅲ</td><td>Ⅳ</td><td>Ⅴ</td></tr>
<tr><td>扣除系数</td><td>0.080 67</td><td>0.105 62</td><td>0.116 16</td><td>0.112 48</td></tr>
<tr><td>县（市、区）</td><td colspan="4">广州（白云、萝岗、花都）、深圳（南山、福田、罗湖、盐田、宝安、龙岗）、肇庆（鼎湖、端州）、四会、清远（清城）、惠州（惠城、惠阳）、江门（新会）、鹤山、台山、开平、恩平、汕头（潮阳、潮南）、南澳、潮州（湘桥）、揭阳（榕城）、惠来、梅州（梅江）、汕尾（城区）、海丰、陆丰、阳东、阳西、廉江、遂溪、徐闻、雷州、电白、化州</td></tr>
<tr><td rowspan="4">山区</td><td>坡度分级</td><td>2°～6°</td><td>6°～15°</td><td>15°～25°</td><td>>25°</td></tr>
<tr><td>分级代码</td><td>Ⅱ</td><td>Ⅲ</td><td>Ⅳ</td><td>Ⅴ</td></tr>
<tr><td>扣除系数</td><td>0.068 97</td><td>0.093 71</td><td>0.133 06</td><td>0.138 63</td></tr>
<tr><td>县（市、区）</td><td colspan="4">增城、从化、博罗、惠东、龙门、陆河、潮安、饶平、揭东、普宁、揭西、河源（源城）、东源、龙川、紫金、连平、和平、梅县、五华、兴宁、丰顺、平远、大埔、蕉岭、阳春、高州、信宜、新兴、罗定、郁南、云城、云安、高要、广宁、封开、怀集、德庆、韶关（曲江）、始兴、南雄、仁化、乐昌、翁源、新丰、乳源、清新、佛冈、英德、连州、连山、连南、阳山</td></tr>
</table>

## 四、坡度图制作

根据测定坡度和田坎系数，扣除耕地地块（图斑）中的田坎面积，可计算耕地的实际面积。广东省1∶1万耕地坡度分级图制作工作是指依据《利用DEM确定耕地坡度分级技术规定（试行）》中提出的要求，以现有的全省6599幅1∶1万数字高程模型为基础资料，以县、市辖区行政区域为单位，制作全省121个县（市、区）及东莞、中山两个地级市的坡度分级图。成果经广东省测绘产品质量监督检验中心质检后，下发全省各级土地调查领导小组办公室使用。

## 五、县级数据库建设

农村土地利用数据库数据内容、数据结构、文件命名、数据分层和数据交换格式等应以《土地利用数据库标准》（TD/T 1016—2007）为依据。建库的技术方法和数据质量控制应以《第二次全国土地调查数据库建设技术规范》为依据，数据库系统必须经过试运行测试。

### （一）建库原则

（1）标准化原则。数据库设计依据国土资源部颁布的第二次土地利用调查数据库相关规范以及交换标准，力求做到既便于广东省第二次土地利用调查数据库的高效使用，又能满足县、市、省之间的数据交换要求。

（2）一致性原则。遵循数据库设计技术的基本原则和范式要求，减少数据冗余，提高访问效率，防止相同土地利用数据重复存储，通过数据物理存储唯一性实现第二次土地利用调查数据库的一致性。

（3）完整性原则。按目前的发展趋势，确定合理的数据库存储容量，满足一定时期的稳定增长，针对历年的历史数据，可以部分备份到磁带机，以减少数据库的负载量，从而提高数据库运行性能。

（4）有效性原则。在计算机硬件配置和网络设计确定的情况下，影响应用系统性能的因素不外乎是数据库结构和客户端应用程序。首先进行的数据库逻辑设计可去除不必要的冗余数据，提高数据吞吐速度，保证数据的完整性，清楚地表达数据元素之间的关系；而物理设计需折中考虑，根据业务规则，确定关联表的数据量大小、数据项的访问频度，允许有一定量的数据冗余。

（5）安全性原则。保证数据操作的正确性，使数据库具有良好的数据恢复能力，使数据具有较高的安全性。

（6）扩展性原则。满足现有应用的需求，并随着业务的发展提供良好的扩展能力，满足经济性和易于扩展的要求，以适应业务规模的发展。

（7）可管理性原则。建立的数据库层次清楚，易于管理、维护和运行。

### （二）技术路线

（1）采用相关GIS平台对分幅数据作图形采集，建立拓扑关系，属性输入、拼接等处理。

(2)用在 GIS 平台基础上二次开发的土地利用数据库管理系统对建好的数据库进行管理。

## (三)数据库主要内容

### 1. 图形数据

农村土地利用数据库的图形数据除了有土地权属要素、土地利用、基本农田要素外,还应包含应用于土地调查数据处理、管理和分析的其他相关要素,主要包括基础地理要素、行政区要素、注记要素及影像要素等。由于不同要素的使用目的和方法均不同,应对农村土地利用数据库要素进行分类管理。

### 2. 属性数据

农村土地调查属性数据是对图形数据的属性描述,主要是指各种表格数据和图形特征的附属说明信息,包括土地利用分类的地类名称、面积、行政区划、权属等。

### 3. 数据库辅助数据

(1)数据字典。在数据管理时为了数据的规范性、高效性和可维护性,通常将数据库中的相关属性字段名和字段值以及数据描述等以统一规定的形式进行定义并建立定义数据库,定义数据库通常被称为数据字典。

(2)分幅索引图数据和分行政区索引图数据。在管理空间数据时为了提高数据检索的效率,常常需要建立空间数据索引。数据库的空间数据索引包括分幅索引图数据和分行政区索引图数据。

(3)数据库结构。农村土地利用数据库数据结构详见《第二次全国土地调查数据库标准》。

## (四)县(市、区)级农村土地利用数据库建设

### 1. 建设任务

农村土地利用数据库的建设任务是指建立国家、省、市(地)、县四级数据库,包括基础地理、土地利用、土地权属、基本农田等内容,集影像、图形、属性、文档等数据于一体,是互联共享的农村土地利用数据库及管理系统。

### 2. 数据库体系结构

农村土地利用数据库涵盖国家、省、市(地)、县四级数据库,其中县级农村土地利用数据库是农村土地利用数据库体系的基础,通过外业调查、数据加工处理而建成,市(地)、省、国家级土地利用数据库是以县级数据库为基础集成整合而成。

### 3. 数据库逻辑结构

农村土地利用数据库由主体数据库和元数据组成。主体数据库由空间数据库、非空间数据库组成;元数据由矢量数据元数据、数字正射影像图(DOM)元数据和数字高程模型(DEM)元数据等组成。

**4. 数据库内容及分层**

1)数据库内容

农村土地利用数据库内容主要包括:基础地理信息数据、土地利用数据、土地权属数据、基本农田数据、栅格数据、表格、文本、其他数据,具体内容如下。

(1)基础地理信息数据:测量控制点、行政区、行政区域界线、等高线、高程注记点、坡度图等。

(2)土地利用数据:地类图斑、线状地物、零星地物(可选)、地类界线等。

(3)土地权属数据:宗地、界址线、界址点等。

(4)基本农田数据:基本农田保护片、基本农田保护块等。

(5)栅格数据:DOM、DEM、数字栅格地图(digital raster graphic,DRG)和其他栅格数据。

(6)元数据:矢量数据元数据、DOM 元数据、DEM 元数据等。

(7)其他数据:开发园区数据等。

建库单位应根据《土地利用数据库标准》(TD/T 1016—2007)要求进行数据库结构设计,对属性数据结构表等内容可进行扩充。

2)数据分层

数据分层是指采用分层的方法对空间要素进行组织管理。根据数据库内容和空间要素的逻辑一致性进行空间要素数据分层,各层要素的命名及定义参见《土地利用数据库标准》(TD/T 1016—2007)中的"5.1 空间要素分层"部分的相关内容。

**5. 数据字典**

依据《土地利用数据库标准》(TD/T 1016—2007)定义的相关属性字段名、值域以及数据描述等建立农村土地利用数据库运行所必需的数据字典。数据字典主要包括地类编码、行政区和权属单位等。

**6. 数据库管理系统设计**

数据库管理系统设计包括总体结构设计、功能模块设计、系统外部接口设计、数据结构和数据库设计、界面设计等内容,系统设计要按照先进性、高效运行、建库与更新有机结合等原则进行。

**7. 基本要求及技术指标**

1)数学基础

(1)坐标系:采用 1980 西安坐标系。

(2)高程基准:采用 1985 国家高程基准。

(3)地图投影:采用高斯-克吕格投影。

(4)分带方式:1∶2000 标准分幅图按 1.5°分带(可任意选择中央子午线),1∶5000、1∶1 万标准分幅图按 3°分带,1∶5 万标准分幅图按 6°分带。

2)分幅和编号

采用国家基本比例尺地形图的分幅和编号,具体参见《国家基本比例尺地形图分幅和编号》(GB/T 13989—2012)。

3)土地利用分类

按《第二次全国土地调查技术规程》(TD/T 1014—2007)中的规定对《土地利用现状分类》中05、06、07、08、09一级类和103、121二级类进行归并。

各地根据实际情况,可在全国统一的二级地类基础上,根据从属关系续分三级类,并进行编码排列,但不能打乱全国统一的编码排序及其所代表的地类及含义。

4)数据交换格式

数据库交换格式采用《土地利用数据库标准》(TD/T 1016—2007)规定的数据格式。

5)数据组织

在横向上,要将数据组织成逻辑上无缝的一个整体。在纵向上,要在空间坐标定位的基础上对各种数据进行相互叠加和套合。在物理存储上可以把连续的实体分离到不同的存储空间和存储单元中进行存储。

**8. 数据库建设主要步骤**

农村土地利用数据库建设包括县级农村土地利用数据库建设和市(地)、省、国家级土地利用数据库集成整合。市(地)、省、国家级土地利用数据库是通过对县级农村土地利用数据库集成整合而成(具体见《第二次全国土地调查数据库整合技术规范》)的。县级农村土地利用数据库建设主要分4个阶段。

第一阶段为建库准备:主要包括建库方案制定、人员准备、数据源准备、软硬件准备、管理制度建立等。

第二阶段为数据采集与处理:主要包括基础地理、土地利用、土地权属、基本农田、栅格等各要素的采集、编辑、处理和检查等。

第三阶段为数据入库:主要包括矢量数据、栅格数据、属性数据以及各元数据等的检查和入库。

第四阶段为成果汇交:主要包括数据成果、文字成果、图件成果和表格成果的汇交。

## 第三节 “三调”数据生产与更新

### 一、基础数据和资料收集

广东省“三调”所使用的基础数据和资料主要来源于国家下发的遥感影像图和变化图斑等基础图件,在此基础上,充分发挥本省已有的基础数据资料成果优势,根据“三调”的任务需求进行补充。

### (一)影像数据资料

影像数据资料包括全省的“三调”遥感正射影像图、调查时点最新的广东省高分辨率航空影像图、2017年度国情监测影像图。

(1)第三次全国国土调查遥感正射影像图(简称“国家影像”):坐标系统为2000国家大地坐标系,采用高斯-克吕格投影,3°分带,高程系统为1985国家高程基准,分辨率为0.5m、1.0m两种规格。

(2)调查时点最新的广东省高分辨率航空影像图(简称“高分影像”):坐标系统为2000国家大地坐标系,采用高斯-克吕格投影,3°分带,高程系统为1985国家高程基准,分辨率为0.2m。

(3)2017年度国情监测影像图:坐标系统为2000国家大地坐标系,采用高斯-克吕格投影,6°分带,高程系统为1985国家高程基准,分辨率为0.5m。

### (二)矢量数据资料

(1)2016年度土地变更调查数据库。数据格式为MDB格式,坐标系统为2000国家大地坐标系,该数据可作为初始库生产的参考资料。

(2)2017年度国情监测数据库。数据格式为GDB格式,坐标系统为2000国家大地坐标系,该数据可作为控制网格构建和地类判读的参考资料。

(3)2017年度广东省永久基本农田数据库。该数据可作为耕地细化调查和基本农田范围内可调整地类调查的基础数据。

(4)广东省村级及以上界线(含零米线)。数据格式为GDB格式,坐标系统为2000国家大地坐标系,该数据可作为村级及以上调查界线的基础数据。

(5)广东省农村地籍调查成果。数据格式为GDB格式,坐标系统为2000国家大地坐标系,该数据可作为村庄内部地类预判的参考数据。

(6)广东省地名地址数据库成果。数据格式为SHP格式,坐标系统为2000国家大地坐标系,该数据可作为村庄内部地类预判的参考数据。

(7)广东省土地利用总体规划数据库成果。数据格式为MDB格式,坐标系统为2000国家大地坐标系,该数据的中心城区范围可作为初始库城镇村划定的参考资料。

(8)广东省开发园区范围数据成果。数据格式为SHP格式,坐标系统为2000国家大地坐标系,该数据可作为初始库城镇村划定的参考资料。

(9)全国地级以上城市及典型城市群空间格局变化监测——广东省检测区。数据格式为GDB格式,坐标系统为2000国家大地坐标系,该数据可作为初始库城镇村划定的参考资料。

(10)广东省海岸带开发利用变化监测成果。数据格式为GDB格式,坐标系统为2000国家大地坐标系。

## 二、正射影像底图生产

按照《第三次全国土地调查正射影像生产实施方案》的总体要求，并利用广东省现有的高分影像补充资料进行广东省第三次国土调查的正射影像图制作。

### (一)技术参数

影像生产对应的比例尺和精度指标与国家技术规程保持一致。

### (二)制作方法

(1)平面控制。可采用平面控制点 GNSS 接收机等仪器实测，或从分辨率、比例尺优于预校正遥感影像的已有 DOM、地形图上采集。

(2)高程控制。采用近期相应比例尺 DEM 进行高程控制。DEM 应满足《基础地理信息数字产品 1∶10 000、1∶50 000 数字高程模型》(CH/T 1008—2001)中的有关规定。

(3)影像处理。根据数据获取情况，以单景影像、条带影像或区域影像为单元，采用物理模型或有理函数模型进行几何纠正。重采样方法：采用双线性内插或三次卷积，根据原始影像分辨率，对重采样像元按 0.5m 的倍数就近采样。

影像要求：纹理清晰、色调均匀，无重影和模糊等现象，地物层次丰富，边界明显。融合或多光谱影像模拟自然真彩色，真实反映当时地类光谱特征。

重叠区影像纹理应一致。当影像时相相同或相近时，要求整体光谱特征一致；当影像时相差距较大时，允许存在光谱差异，但镶嵌或接边处应过渡自然，同一地块光谱特征一致。

(4)制作单元。DOM 以县级辖区为制作单元，按照外扩不少于 50 个像素的要求，沿最小外接矩形裁切。根据县级辖区内影像间镶嵌和接边情况，制作 DOM 影像信息文件。

### (三)成果内容

(1)我们可采用“县级行政代码＋数据类型＋…＋数据类型＋DOM＋两位编号”方式命名 DOM 文件，其中两位编号为流水编号，用于区分不同分辨率等原因造成的同一县域内的多个 DOM 文件。如“440607WV2＋WV3＋GJ1DOM01”表示广东省佛山市三水区由 WorldView2、WorldView3 以及高景 1 号卫星影像生产的 DOM，流水编号为 01。

(2)镶嵌块信息文件。数字格式为 Shapefile 格式，坐标系为 2000 国家大地坐标系(CGCS2000)，高斯-克吕格投影，采用“行政区代码＋xq”形式命名，如“440607xq. shp”。

## 三、调查界线采集处理

调查界线采集处理的基本目标是确定广东省市、县、镇、村级调查界线的采集方法、调整原则、工作模式、质量控制方案等，完成广东省市、县、镇、村级调查界线的采集处理与成果整理工作，满足初始库建设要求。具体工作任务包括：①收集整理全省镇级及以上行政区域界线资料；②采集处理全省市、县、镇、村级调查界线资料；③制作全省市、县、镇、村级调查界线数据库。

广东省“三调”各级主管调查部门以遥感正射影像图为工作底图，利用相关资料采集调整各级界线，各级界线以上一级调查界范围为控制界线，从高等级界线向低等级界线依次确定市(地)级、县(市、区)级、乡(镇)级、村级调查界线，并将中间数据库下发地方主管调查部门核实、确认。经地方主管调查部门核实无误后，数据入成果库，完成数据成果汇交。

### (一)采集精度要求

(1)勘界纸图扫描精度不低于300dpi，图面上无明显噪声、斑点，线条与注记清晰。

(2)在定向纠正栅格图像后，内图廓点、公里格网点的坐标与其理论值偏差原则上不大于实地1.0m。若勘界纸图图面线条、注记模糊不清，则精度要求可适当放宽；对于勘界纸图的变形、扭曲等原因造成的精度误差，应备注说明。

(3)依镇级勘界地形图重新矢量化界线，矢量化采集限差不大于图上0.15mm。

(4)将2017年度土地变更调查的村级界线与2017年12月备案的农村集体土地所有权界线叠加分析的容差设置为1.5m。

(5)当不同等级界线重叠时，以高等级界线表示。接边原则：原则上保持高等级界线不动，移动低等级界线接边；同等级界线在图上相差0.4mm以内的，各移一半进行接边；在图上差距超过0.4mm的，对镇级界线依镇级勘界地形图界线走向进行接边，对村级调查界线参考影像特征进行接边。

### (二)基础资料收集与分析

结合广东省实际情况，收集广东省全省范围的2016年度土地变更调查界线、2017年12月备案的农村集体土地所有权界线、广东省镇级及以上勘界资料和行政区划调整文件、遥感正射影像图等资料。将收集的资料统一坐标基准，并分析各项数据及各项成果数据所使用的数据源，原则上低精度成果服从高精度成果。

(1)2016年度广东省土地变更调查数据库。提取2016年度广东省土地变更调查的镇级界线、村级界线，分别作为镇级调查界线、村级调查界线采集调整的基础数据，并保留2016年度土地变更调查数据库的国有农林场、监狱等企业、单位数据，范围覆盖全省。

(2)2017年12月备案的广东省农村集体土地所有权数据库。提取2017年12月备案的广东省农村集体土地所有权数据的宗地层，按照“土地坐落”信息或“权利人名称”信息合并宗地，充分利用宗地的界址线数据更新村级调查界线。

(3)广东省镇级及以上勘界资料和行政区划调整文件。广东省县级及以上行政区域界线是广东省民政厅依县级及以上勘界地形图采集得到的矢量数据，可作为市、县级调查界线的基础数据，坐标系为2000国家大地坐标系。

广东省镇级勘界地形图是纸质数据，坐标系为1954年北京坐标系或1980西安坐标系，比例尺为1∶1万。需要对镇级勘界地形图扫描、纠正配准、矢量化采集、接边、坐标转换等进行处理，经质检合格后方可用于更新镇级调查界线。

收集广东省民政厅自2001年以来下发的行政区划调整文件，作为行政区划变动的依据。

(4)遥感正射影像图。国家下发的最新遥感正射影像图和广东省1∶2000正射影像图均可作为广东省市、县、镇、村级调查界线采集调整的工作底图，分辨率分别优于1.0m和0.2m。

两类遥感正射影像图使用原则如下：①对于高分影像时相为2017年以后(含2017年)且覆盖全域的县(市、区)，将高分影像上报国家替换国家影像，直接作为调查界线调整的基础底图；②对于高分影像时相为2016年且覆盖全域的县(市、区)，以高分影像作为调查界线调整的基础底图，对有变化的区域采用国家影像进行更新；③对于高分影像时相为2015年之前(含2015年)且覆盖全域的县(市、区)，以国家影像作为调查界线调整的基础底图，以高分影像作为参考资料辅助判读。

(5)广东省省界、零米线、岛屿界线。广东省可直接使用2017年度土地变更调查的界线，与市界、县界等共同构成土地调查界线。

### (三)调查界线建库

主管调查部门应采用分层的方法对空间要素进行组织管理。中间数据库和成果数据库的图层结构及命名与国家下发的数据库标准保持一致。

### (四)调查对象编码规则

各界面代码分3段，由12位数字构成，其结构如图3-1所示。

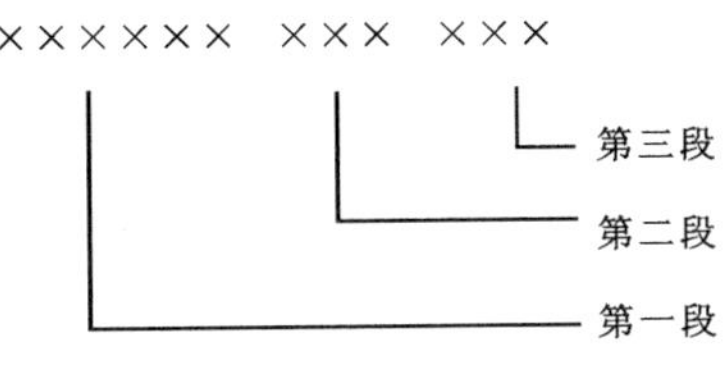


图3-1　调查界面的编码规则

(1)第一段采用国家标准《中华人民共和国行政区划代码》(GB/T 2260)中的6位数字代码，表示县级及以上行政区划。

(2)第二段采用《县以下行政区划代码编制规则》(GB/T 10114—2003)中的3位数字代码，表示乡(镇)级行政区划，具体分为：001～009表示街道(地区)，100～199表示镇(民族镇)，200～399表示乡、民族乡、民族苏木，400～599表示企业、单位。

(3)第三段采用系列顺序码，由3位数字构成，具体分为：001～009表示居民委员会代码，200～399表示村民委员会代码，400～599表示企业、单位。

### (五)调查界线加工处理

调查界线加工处理工作包括各级调查界线、调查界面的调整及属性数据的更新、检查、数据入库等。

**1. 省界、零米线和岛屿界线检查、入库**

广东省“三调”的省界、零米线和岛屿界线直接继承2017年度土地变更调查的界线,构建调查界面,经检查合格后进行数据入库,并作为下一级调查界线的控制界线。

**2. 市、县级调查界线采集处理**

广东省“三调”的市、县级调查界线依据民政部门最新的市、县级勘界成果及最新的行政区划调整文件进行调整更新。

因成图精度等客观因素造成调查界线与DOM相对位置产生明显位移的(如河流、道路等),依据县级勘界地形图的界线走向对调查界线进行调整,使它与DOM地物特征相匹配,并构建属性完整、正确的调查界面,检查合格后方可进行数据入库工作,该调查界线可作为镇级调查界线的控制界线。

转绘的界线经界线双方同意并提请双方国土部门、民政部门审核确认后方可作为最终调查界线。单方不得擅自调整市、县级调查界线,当界线双方有异议时,可刻绘民政部门提供的市、县界线。

**3. 镇级调查界线采集处理**

镇级调查界线采集处理是指以遥感正射影像图为工作底图,在2017年度土地变更调查镇级界线的基础上,利用镇级勘界地形图、行政区划调整相关文件等资料进行更新,形成现势性强、影像特征一致的镇级调查界线,构建属性完整、正确的调查界面,检查合格后方可进行数据入库工作,该调查界线可作为村级调查界线的控制界线。其中,镇级调查界线中应保留2017年度土地变更调查数据库的国有农林场、监狱等企业、单位数据信息,继承原界线类型等信息。

1)镇级调查界线调整原则和要求

(1)省级主导、县级补充原则。省级主管调查部门利用镇级勘界地形图、行政区划调整文件等资料更新镇级调查界线。地方主管调查部门可依据县(区、市)人民政府相关文件等对镇级调查界线进行调整,并将界线调整的相关文件上报省级主管调查部门。

(2)影像特征边线原则。成图精度等客观因素造成调查界线与DOM相对位置产生位移明显的,依据行政区域勘界成果对镇级调查界线进行调整,使界线与DOM地物特征相匹配,对有明显影像特征的界线应该严格按照影像特征描绘。

2)镇级调查界线采集调整作业流程

镇级调查界线以县级及以上调查界线作为控制界线,其界线的调整以县为最小作业单元,保证各作业区的完整性、属性一致。具体作业流程如图3-2所示。

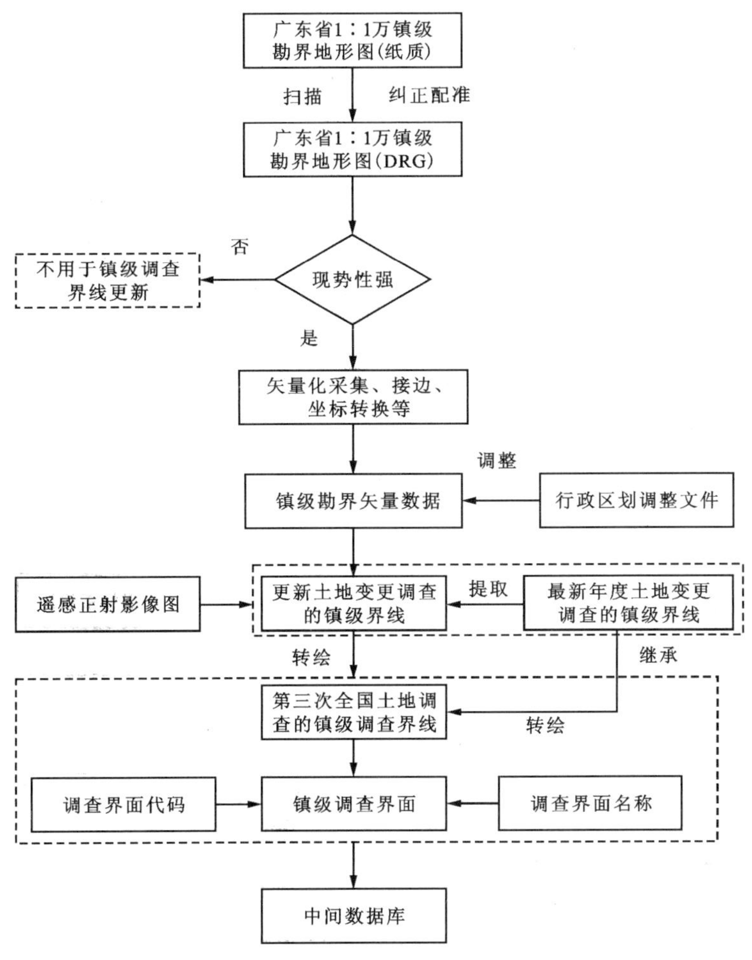


图 3-2　镇级调查界线采集调整作业流程

(1)行政区域勘界成果采集。收集广东省 1∶1 万镇级勘界地形图(纸质),经过扫描、纠正配准、矢量化采集、接边、统一坐标系等处理后,形成镇级勘界矢量数据,采集勘界年份较新、现势性较强的镇级勘界地形图。

(2)提取 2017 年度土地变更调查的镇级界线。

(3)镇级调查界线调整。①分析镇级勘界矢量数据。各地镇级勘界地形图大多成图于 2003 年之前,现势性不强,应依据省民政厅备案的行政区划调整文件分析镇级勘界矢量数据,比对土地变更调查镇级界线的现势性。②转绘镇级调查界线并上图,保留国有农林场、监狱等企业、单位数据信息。根据比对结果,分情况处理如下。

(a)2017 年度土地变更调查的镇级界线现势性优于镇级勘界矢量数据,原则上直接继承 2017 年度土地变更调查的镇级界线。

(b)镇级勘界矢量数据现势性优于土地变更调查的镇级界线,以遥感正射影像图为工作底图，将勘界矢量数据转绘至工作底图上，使矢量数据与遥感正射影像图的地物特征相匹配，形成镇级调查界线。

(4)镇级调查界面构建。将调整后的镇级调查界线和保留的国有农林场、监狱等企业、单位界线构面，补充完善调查界面的名称、代码等属性信息。

(5)数据入中间数据库。

(a)数据检查。数据入库前，对矢量线、矢量面数据的质量进行全面检查，要求界线要素没有线段自相交、两线相交、线段打折、碎片多边形、悬挂点或伪节点等图形错误；经检查合格后的调查界线可形成调查界面，并补充、完善属性数据，要求面要素无重叠、缝隙情况，属性信息正确、无遗漏。

(b)数据入库。将各要素数据进行分层或批量入库。

**4. 村级调查界线调整**

村级调查界线调整是指以遥感正射影像图为工作底图，充分利用 2017 年 12 月备案的农村集体土地所有权数据对 2017 年度土地变更调查的村级界线进行全面更新，构建具有合法性、现势性强、影像特征一致性的村级调查界线，形成属性完整、正确的村级调查界面，经检查合格后方可进行数据入库工作。其中，村级调查界线应保留 2017 年度土地变更调查数据库的国有农林场、监狱等企业、单位数据信息，继承原界线类型代码等信息。

1)村级调查界线调整原则和要求

(1)省级主导、县级补充原则。省级主管调查部门利用农村集体土地所有权等资料对村级界线进行合理调整。地方主管调查部门应对村级调查界线进行核实确认，对不认可的进行调整，并将界线调整的相关依据上报省级主管调查部门。

(2)继承性原则。对以往调查形成的村级界线，应予以充分的继承。

(3)影像特征边线原则。在影像判读时，对有明显影像特征的调查界线应该严格按照影像特征描绘。

2)村级调查界线调整作业流程

村级调查界线以镇级及以上调查界线作为控制界线，村级调查界线的调整以镇为最小作业单元，保证各作业区完整性、属性一致。具体作业流程如图 3－3 所示。

(1)界线提取。提取 2017 年度土地变更调查的村级界线；提取 2017 年 12 月备案的农村集体土地所有权宗地层，按照“土地坐落”信息或“权利人名称”信息合并宗地，形成所有权界线；提取国家下发的最新遥感正射影像图或广东省 1∶2000 高分影像图。

(2)村级调查界线调整。将提取的广东省农村集体土地所有权界线与 2017 年度土地变更调查村级界线进行叠加分析，容差设置为 1.5m。根据不同分析结果，采取以下方法调整村级调查界线。

(a)土地变更调查村级界线与所有权界线在容差范围内的，原则上继承 2017 年度土地变更调查的村级界线作为村级调查界线。

(b)土地变更调查村级界线与所有权界线在容差范围外，且所有权界线的走向与影像特征边界不一致的，继承 2017 年度土地变更调查的村级界线作为村级调查界线。

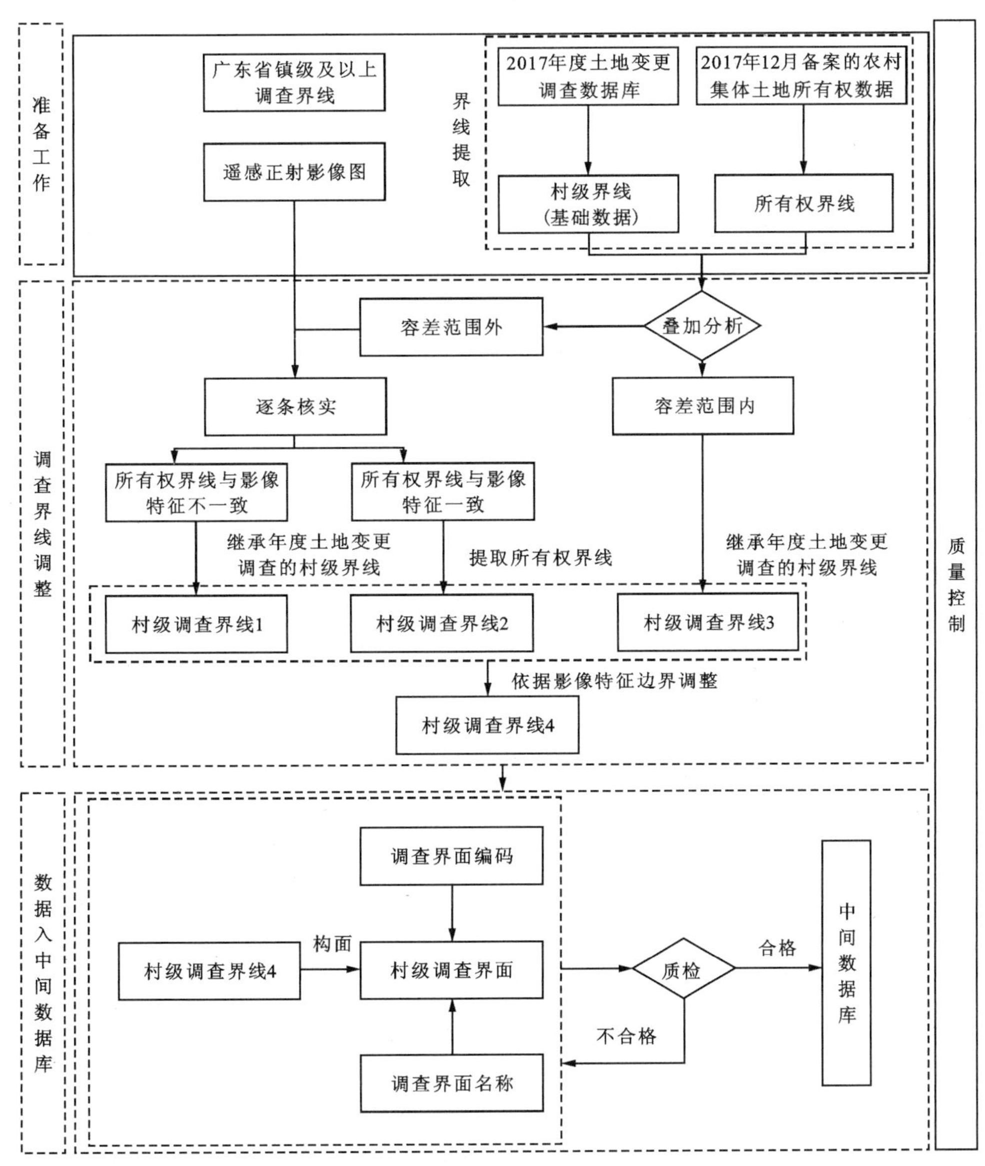


图 3－3　村级调查界线调整作业流程

(c)土地变更调查村级界线与所有权界线在容差范围外，且所有权界线的走向与影像特征边界一致的，依据 2017 年 12 月备案的农村集体土地所有权界线调整。

(d)依据影像特征边界调整。凡是穿越建筑物的村级调查界线，应尽量与建筑物特征边界(如房屋边界)保持一定的距离，避免地类图斑上图时与村级调查界线形成碎小区域或缝隙，依据遥感正射影像图对村级调查界线进行调整，使村级调查界线不穿越建筑物。

(3)村级调查界面构建。将调整后的村级调查界线构面，保留年度土地变更调查数据库的国有农林场、监狱等企业、单位数据信息，补充、完善调查界面的名称、代码等属性信息。

（4）数据入中间数据库。①数据检查。数据入库前，对矢量线、面数据的质量进行全面检查，要求界线要素没有线段自相交、两线相交、线段打折、碎片多边形、悬挂点或伪节点等图形错误；检查合格的村级调查界线形成村级调查界面，补充、完善属性数据，要求面要素无重叠、缝隙情况，属性信息正确、无遗漏。②数据入库。将各要素数据进行分层或批量入库。

**5. 数据衔接**

在采集调整各级界线后，应重点做好市、县级调查界线与省界、零米线，镇级调查界线与省界、市界、县界、零米线，村级调查界线与镇级调查界线的界线位置和属性内容的衔接工作。基本要求如下。

（1）按照省、市、县、镇、村的顺序依次进行接边。

（2）市、县级调查界线与省界、零米线应衔接，且完全套合。

（3）镇级调查界线与省界、县界、零米线应衔接，且完全套合。

（4）村级调查界线与镇级调查界线应衔接，且完全套合。

（5）县级调查界面应完全覆盖市级调查界面，无重叠和缝隙情况。

（6）镇级调查界面应完全覆盖县级调查界面，无重叠和缝隙情况。

（7）村级调查界面应完全覆盖镇级调查界面，无重叠和缝隙情况。

### （六）地方主管调查部门核实确认

以县为单位下发中间数据库，地方主管调查部门负责组织相关人员对市、县、镇、村级调查界线的位置、走向及调查界面的名称、代码进行全面审核、核实确认，逐条核实界线位置、走向并做好县级、镇级、村级调查界面名称、代码的核实确认和调整工作（图 3-4）。经核实确认后，对无异议的调查界线予以认可，对不认可的调查界线，可采取以下调整方法。

（1）市、县级调查界线调整。依据民政部门提供的最新行政区划调整文件。转绘的界线经界线双方同意并提请双方国土部门、民政部门审核确认后方可作为最终调查界线。单方不得擅自调整调查界线，在界线双方有异议的位置刻绘民政部门提供的市、县界线。

（2）镇级调查界线采集处理。依据县（市、区）人民政府相关文件调整。

（3）村级调查界线调整。地方主管调查部门非经举证不得调整，可依据 2017 年 12 月备案的农村集体土地所有权界线、国有土地权属界线等具有合法性、现势性强的资料进行调整。

自中间数据库下发之日起 15 日内，地方主管调查部门将反馈结果上交省级主管调查部门，同时必须将界线调整的相关依据一同上交。若未在规定时间内反馈核实结果，则直接将省级主管调查部门制作确定的调查界线作为最终的调查界线。

### （七）界线复核与入库

省级主管调查部门对地方主管调查部门上交的反馈结果进行复核，根据反馈结果更新中间数据库，数据成果检查合格后方可入成果数据库（图 3-5）。

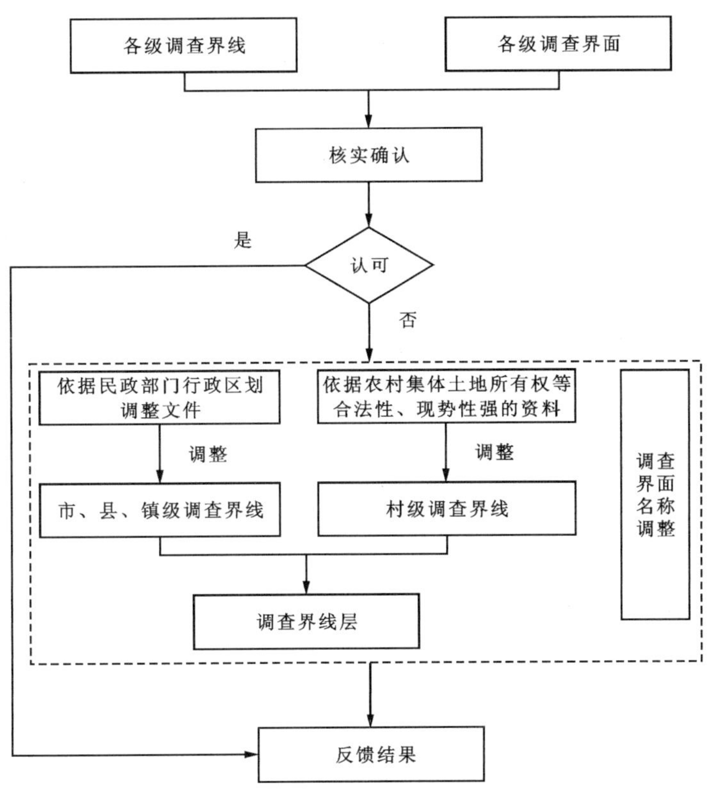


图 3-4　调查界线的地方核实确认流程

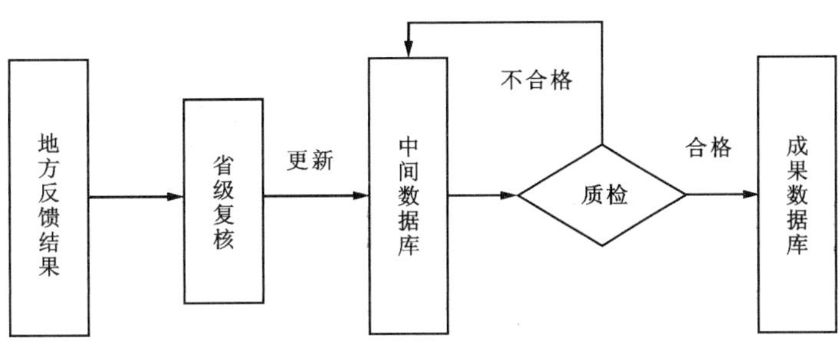


图 3-5　界线复核结果的入库流程

(1)数据检查。数据入库前，对矢量数据质量进行全面检查，质量检查合格的数据方可入成果库。

(2)数据组织。对不同数据层的数据建立索引等。

(3)数据入库。各要素数据可分层入库，也可批量入库。

## 四、坡度图生产

广东省主管调查部门根据全国三调办印发的《关于进一步核实第三次全国国土调查坡

度数据的通知》(国土调查办发〔2020〕4 号)提出的要求,采用最新 LiDAR 点云 DEM 数据重新制作了全省 126 个县级调查单元的坡度图成果。同时,通过广东省“三调”的县级数据库更新软件,将坡度图与耕地图斑叠加,完成“三调”地类图斑中耕地数据的坡度级属性赋值,为耕地坡度情况分析提供了数据基础。

由《广东省第三次全国土地调查工作实施方案》以及省厅工作安排和部署可知,省级坡度数据更新的主要内容如下。

(1)LiDAR 点云 DEM 数据搜集整理。坡度图的生产以 DEM 数据为基础,本次工作采用广东省 2018—2020 年采集、生产的 LiDAR 点云 DEM 数据成果制作坡度图,工作人员对 DEM 成果进行搜集整理、数据处理,以满足坡度图生产需要。

(2)坡度栅格图件制作。以县为单位,根据 DEM 数据,按照坡度计算公式,生产坡度栅格图,并根据《利用 DEM 确定耕地坡度分级技术规定》提出的要求,对坡度栅格图进行分级处理,形成坡度分级栅格图成果。

(3)坡度分级矢量图件制作。基于坡度分级栅格图进行小面综合,并进行综合后栅格图的矢量化制图,形成坡度分级矢量图件。

(4)坡度图成果检查。按照《利用 DEM 确定耕地坡度分级技术规定》,对坡度栅格图、坡度分级矢量图及其他成果进行检查。

(5)成果整理。制作元数据、汇总统计、编制文字报告,并提交成果。

### (一)DEM 数据处理

DEM 数据处理步骤:将 2m 格网 DEM 数据按照双线性重采样的方法采样为 5m 格网 DEM 数据;按照全省县界范围对幅面进行矩形分区,每个区的面积约 4000km$^2$,全省共计划分为约 45 个片区;再根据划分的区域进行 DEM 数据格式转换、拼接、裁切等处理,包括检查数据资料质量和完整性,并将 DEM 数据格式转化为 TIFF/BIL 格式。

基本要求如下:利用外扩 200m 区块界线数据裁剪 DEM 数据(外扩的目的是为后期矢量接边作准备)。

### (二)坡度计算

使用 DEM 数据计算坡度,计算公式为

$$\tan(P)=\sqrt{\left(\frac{\partial z}{\partial x}\right)^2+\left(\frac{\partial z}{\partial y}\right)^2}$$

式中:$\frac{\partial z}{\partial x}$、$\frac{\partial z}{\partial y}$分别表示 $x$、$y$ 方向的偏导数;$P$ 表示坡度。

我们按照《第三次全国国土调查技术规程》中规定的耕地坡度分级要求进行分级,利用坡度计算公式计算出每个格网的坡度值,生成坡度栅格数据图。计算时采用“3×3”窗口,利用三阶反距离平方权差坡度计算模型来计算坡度值,可采用 ArcGIS 或吉威软件完成坡度计算过程(图 3-6)。

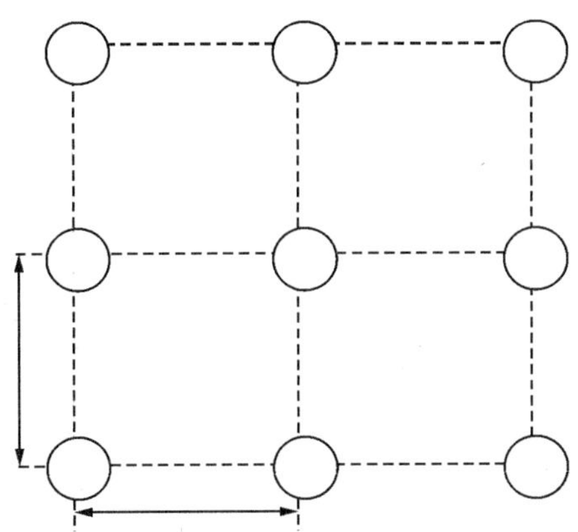

图 3－6　DEM“3×3”局部移动窗口

### (三)坡度分级栅格图制作

在坡度栅格数据制作完成后，按照《利用 DEM 确定耕地坡度分级技术规定》的内容，对各区块的坡度栅格数据进行重分类，生成坡度级别为 1、2、3、4、5(参照“耕地坡度分级及代码”)的各县坡度分级栅格数据。同时，对坡度图栅格数据进行分级、分县裁剪，生成县级坡度栅格图数据。

### (四)坡度级小面综合

直接对坡度分级栅格数据进行矢量化时，会产生海量矢量要素数据，受限于现有软件对于海量矢量数据的处理能力，无法满足短时间内的生产要求。因此，在进行坡度分级栅格图矢量化前，根据矢量综合原则(即最小面积和就低不就高的原则)，先对栅格数据进行小面综合处理，合并小面、融合小面到周边大面，将综合后的栅格数据进行矢量化，可较大限度地减少矢量要素数据的处理量，提升处理效率。

### (五)坡度分级栅格图矢量化及平滑

我们根据《利用 DEM 确定耕地坡度分级技术规定》，对综合处理后的坡度分级栅格图进行矢量化处理，沿栅格格网边缘构线构面形成面状图斑。

因栅格数据转换的坡度分级矢量数据会出现很多锯齿问题，为保证数据的真实性、美观性，生成坡度分级矢量数据后，在保证数据精度的前提下，需要对数据进行面边线化简、光滑处理，使坡度分级矢量数据边界更平滑、图面更加美观(图 3－7)。

边线化简、光滑处理的精度要求：坡度分级矢量数据的图斑边界与坡度分级栅格数据位置偏移量一般不超过 1 个格网精度，最大偏移量不得超过 2 个格网精度。

采用的面边线化简尺度为 7.5m(1 个格网为 5m，7.5m 尺度的化简偏移量不超过 2 个格网)，光滑尺度为 5m。

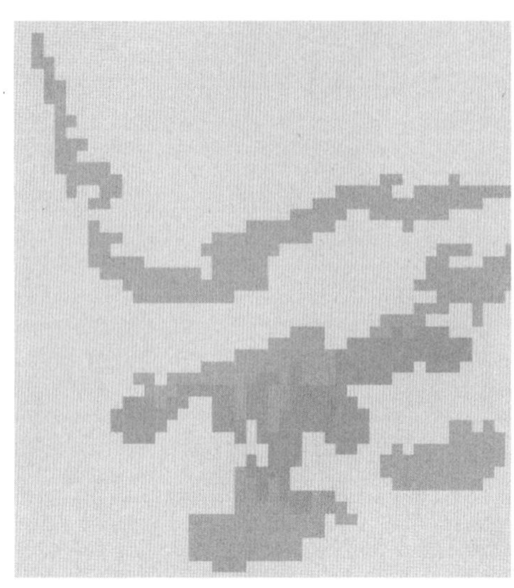
a. 平滑前

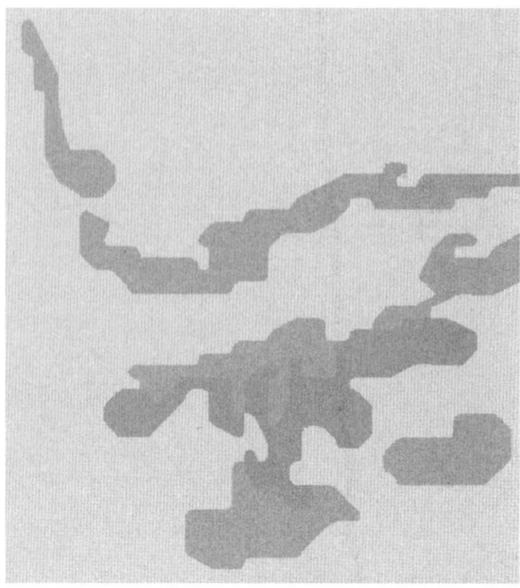
b. 平滑后

图 3－7　坡度图平滑前后对比

### （六）县界接边处理

县界接边处理是指在坡度分级矢量数据图形处理完成后，对各分区块的坡度分级矢量数据，进行区块之间的图形与属性的接边处理，保证块与块之间无缝衔接。根据已接边的分块数据，按照县级行政区域界线裁切各个县的坡度分级矢量并进行矢量合并，最终可得到以县为单位的坡度分级矢量图，保证了县与县之间的接边正确性。

### （七）坡度图属性表赋值

在坡度分级矢量图产生以后，需要将空间数据成果严格按照《土地利用数据库标准》（TD/T 1016—2007）提出的要求进行命名，图层名称为坡度分级图（PDT 格式），其属性结构具体情况见表 3－2。

**表 3－2　坡度分级图（PDT 格式）属性结构表**

| 序号 | 字段名称 | 字段代码 | 字段类型 | 字段长度 | 小数位数 | 值域 | 约束条件 | 备注 |
|---|---|---|---|---|---|---|---|---|
| 1 | 标识码 | BSM | char | 18 | | | M | 见本表注 1 |
| 2 | 要素代码 | YSDM | char | 10 | | 统一赋为 1000780000 | M | |
| 3 | 坡度级别 | PDJB | char | 2 | | 1/2/3/4/5 | M | 见本表注 2 |
| 4 | 备注 | BZ | VarChar | | | | O | |
| 注 1：6 位县级行政区划代码＋1330＋8 位顺序号。 | | | | | | | | |
| 注 2：坡度≤2°为 1 级；2°～6°为 2 级；6°～15°为 3 级；15°～25°为 4 级；坡度＞25°为 5 级。 | | | | | | | | |

## 五、省级初始库建设

广东省国土调查省级初始库的生产是广东省“先内后外、省级统筹”技术思路的重要体现。其基本任务是根据《第三次全国国土调查技术规程(试行)》,结合《广东省第三次全国土地调查总体方案》《广东省第三次全国土地调查工作实施方案》的要求,完成以下具体数据生产任务。

(1)控制网格构建。收集整理县级行政区域界线、零米线,采集主要交通线路、大型河流水库资料,构建控制网格。

(2)本底图斑层采集。以正射影像图为基础,在构建的控制网格内,全面重新采集地类图斑边界,参考最新年度土地变更调查数据库、2017 年度国情监测数据库等数据开展地类判读、属性标注等工作。

(3)不一致图斑提取。以本底图斑层为基础,叠加预处理后的最新年度土地变更调查数据库、不一致图斑,采用内业人工比对的方式,标注不一致图斑。

(4)村级及以上界线上图。利用已生产完成的村级及以上调查界线,在本底图斑层进行界线落图工作。

(5)数据接边。依据影像,对反映明显的地物界线及属性进行接边,保证同名地物的一致性。

(6)城镇村等用地图层制作。从本底图斑层中提取 201～205 地类图斑,整理形成城镇村等用地图层。

(7)属性赋值。对初始库中各图层属性规定字段进行赋值。

(8)初始库成果整理与下发。以县(市、区)为单位,将整理好的初始库成果下发各地以便开展调查建库工作。

### (一)数据预处理

数据预处理是指对最新年度土地变更调查数据库数据进行预处理,包括图斑合并和地类转换两项工作。数据预处理后成果既可作为不一致图斑提取的基础库,又可作为本底图斑层地类判读、属性填写的参考数据。

(1)图斑合并。为了辅助地类判读,以县(区)为单位,不考虑权属信息的差异,将相同地类的相邻图斑进行合并处理,其中耕地合并时需要保留耕地类型,只有在地类编码、地类名称、地类备注相同时方可合并可调整地类。

(2)地类转换。图斑合并后,将最新年度变更调查数据库中的地类编码与“三调”工作分类编码进行一一对照转换,最新年度变更调查数据库地类备注为“K”的可调整地类应一一对应转换为工作分类的可调整地类,地类转换分为直接转换和需要核实的地类转换两种方式。

### （二）控制网格构建

控制网格构建是指以正射影像图为基础，收集整理县级以上行政区域界线、零米线，采集主要交通线路、大型河流水库等界线，构建“三调”控制网格，确保整个县域内连通。具体操作规则如下。

（1）调查界线提取。从最新年度土地变更调查数据库中提取调查界线，包括县级行政区域界线、零米线。

（2）大型河流、水库和湖泊采集。依据正射影像纹理特征，参考其他相关资料，采集 7 级及以上的河流、5 级及以上的水库水面、6 级及以上的湖泊等大型河流、水库、湖泊，水系中心的岛、洲以掏空形式表示。

（3）主要交通要素采集。采集高速公路、国道、省道、县道、铁路等主要交通要素。

在填写采集要素的属性时，应将地类编码按照工作分类进行填写。

### （三）本底图斑层采集

本底图斑层采集是指以正射影像图为基础，在控制网格内，全面重新采集地类图斑边界，可参考最新年度土地变更调查数据库、2017 年度国情监测数据库等数据进行地类判读、属性标注等。

（1）地类判读。根据影像纹理特征，依据工作分类，结合相关参考资料进行地类判读。地类判读参考资料优先顺序为：最新年度土地变更调查数据库、2017 年度国情监测数据库等资料。其中对于耕、园、林、草交叉的图斑，在参考相关资料后仍判读不清的，按照耕、园、林、草的优先次序确定一级地类。

（2）图斑属性省级预判。参考最新年度土地变更调查数据库、2017 年度国情监测数据库和农村地籍调查数据库等成果资料，辅助开展耕地细化标注、耕地种植属性标注、园地细化标注、草地标注、基本农田范围内可调整地类预判、城镇村庄内部地类的省级预判工作。

（3）不一致图斑提取。以本底图斑层为基础，叠加国家不一致图斑层和预处理后的 2017 年度变更调查数据库，采用内业人工比对的方式，在本底图斑层的不一致图斑字段（BYZTB）中进行整图斑标注，原则上不因不一致图斑标注而分割本底图斑。

（4）村级及以上界线上图。利用已生产完成的村级及以上调查界线，分割本底图斑，对不规则狭长、破碎等细碎图斑进行处理。因分割本底图斑而产生的 $50m^2$ 以下细碎图斑须按照就近就大原则进行归并，对 $50m^2$ 以上细碎图斑根据实际情况进行处理。

（5）数据接边。依据影像，开展县与县之间的接边，对不同行政区域界线两侧公路、铁路和河流等重要地物进行接边，确保重要地物的连通性；需要按不同等级分割道路图斑，对于明显宽度不一致的图斑不应归并；对影像明显、地类相同的图斑界线进行接边，保证相同地类的一致性；对非相同地类应保证图形接边，属性接边则由外业完成。按从北往南、自东向西原则接边，如果因进度不能同步，则由后提交成果的一方负责接边，且地类图形属性必须和先提交的数据一致。

当行政区域界线两侧明显地物接边误差小于图上误差0.6mm、不明显地物接边误差小于图上误差2.0mm时，双方各改一半接边；否则双方核实接边。

### (四)城镇村等用地图层制作

#### 1.201～203地类范围划定

(1)参考最新年度土地变更调查数据库中201、202、203地类图斑范围，根据影像的纹理特征进行重新采集。对201、202、203地类周边影像特征明显为耕地且连片分布的图斑，可按照影像特征进行分割；对201、202、203地类周边影像特征明显为建设用地的图斑，按照影像特征进行合并；对存在201、202与203地类图斑界线切割建筑物、道路等与影像特征不符合的情况，可进行调整。对201、202、203地类边上(国家未提取不一致图斑)不能根据影像判读为非建设用地的图斑不作调整。

(2)当最新年度土地变更调查数据库中某一区域存在大量20地类[①]范围图斑破碎复杂、边界不规则、类型错误等混乱现象时，可根据正射影像特征重新对20地类范围进行矢量数据采集。

(3)对204、205图斑地类的调整，可参考预处理后的最新变更调查数据库范围，先套合农村地籍调查范围，预判农村居民点，其余的按照影像纹理特征调整图斑边界。

#### 2.201～203地类判读

(1)根据2017年度国情监测数据库成果，提取市、县(区)、镇政府所在地要素，标定市、县(区)、镇政府所在地位置，作为划定201、202地类图斑的几何中心。必须将市政府、区政府、县级市政府所在地判读为201地类，将县政府、镇政府所在地判读为202地类。

(2)参考最新土地利用总体规划数据中的中心城区范围线作地类判断。该范围内与原201地类图斑大面积相连的202、203地类图斑应按集中连片原则归并到邻近的201地类图斑中；道路不应作为201、202、203地类图斑分割的依据，如道路一侧为201地类图斑，则道路另一侧大面积的202、203地类图斑应当判读为201地类图斑。零星地与201地类图斑不相连或只有少量相连的小面积203地类图斑，以及距离市、县(区)、镇政府所在地位置较远的零散的203地类图斑仍应判读为203地类图斑。

(3)参考最新的开发园区范围线作地类判读。该范围内与原202地类图斑大面积相连的203地类图斑应当按集中连片原则归并到邻近的202地类图斑中，道路不作为201、202、203地类图斑分割的依据，即道路一侧为202地类图斑，则道路另一侧大面积的203地类图斑应当判读为202地类图斑。零星地与202地类图斑不相连或只有少量相连的小面积203地类图斑仍应判读为203地类图斑。若该开发园区范围在最新土地利用总体规划数据中的中心城区范围线内，则应判读为201地类图斑。

---

① 20地类中的“20”为地籍调查时用地类型代码，城镇村类一级代码为20，具体到二级代码为城市(201)、建制镇(202)、村庄(203)。

(4)被判读为201、202地类图斑包围的203地类图斑应当并入相邻的201、202地类图斑中。

(5)在中心城区范围线和开发园区范围线边缘附近,若有集中连片的建设用地,即使超出中心城区范围线和开发园区范围线以外,也必须根据集中连片原则判读为201地类图斑或202地类图斑。不能以中心城区范围线和开发园区范围线作为切割20地类图斑的依据,并且不能出现线内是201地类图斑,线外是202地类图斑或203地类图斑的现象。

**3. 城镇村等用地图层制作**

城镇村等用地图层制作是指从本底图斑层中提取201～205地类图斑,整理形成城镇村等用地图层,并按照城镇村等用地图层属性结构补充填写相关属性。

### (五)属性赋值与成果整理

(1)属性赋值。对初始库中各图层属性字段按照县(区)级初始库属性结构表进行赋值。

(a)行政区。在制作完成行政区层后,参考相关资料,根据属性赋值规则统一将标识码、要素代码等进行属性赋值。

(b)行政区域界线。在制作完成行政区域界线后,参考相关资料,根据属性赋值规则统一将标识码、要素代码等进行属性赋值。

(c)控制网格。构建完成控制网格层后,参考相关资料,根据属性赋值规则统一将标识码、行政区代码、行政区名称等进行属性赋值。

(d)本底图斑。完成本底图斑层生产后,参考相关资料,根据属性赋值规则统一将标识码、要素代码、图斑预编号、图斑编号、坐落单位代码、坐落单位名称、数据年份等进行属性赋值。

(e)城镇村等用地。在制作完成城镇村等用地图层后,参考相关资料,根据属性赋值规则统一将标识码、要素代码属性赋值到对应属性字段。

(2)汇总表格。输出初始库农村土地利用现状一级分类及标注类面积汇总表、耕地种植类型面积统计表、可调整地类面积统计表。

(3)元数据。按照属性结构表要求,填写元数据属性内容。例如:一检完成时间那一栏应填写整库完成一检的时间。

(4)成果整理。按照成果汇交要求对各项数据资料进行整理,形成最终初始库成果。

## 六、县级数据库建设

### (一)数据内容

县级国土调查数据库内容可以划分为以下几个专题:地貌、定位基础、境界与政区、土地利用、独立要素、永久基本农田、栅格数据、其他土地要素。具体内容和要素分层参见《国土调查数据库标准》(TD/T 1057—2020)。

## （二）建库流程

县（市、区）级主管调查部门根据通过省级审核的外业调查核实成果，使用省级主管调查部门统一配发的建库软件，补充完善初始库；形成县级国土调查数据库，以及县级耕地资源质量分类数据库。将县级土地调查数据库和专项数据库经省级主管调查部门统一配发的质量检查软件检查后分头上报汇总，形成省、市级土地调查数据库和专项数据库。总体技术流程如图 3－8 所示。

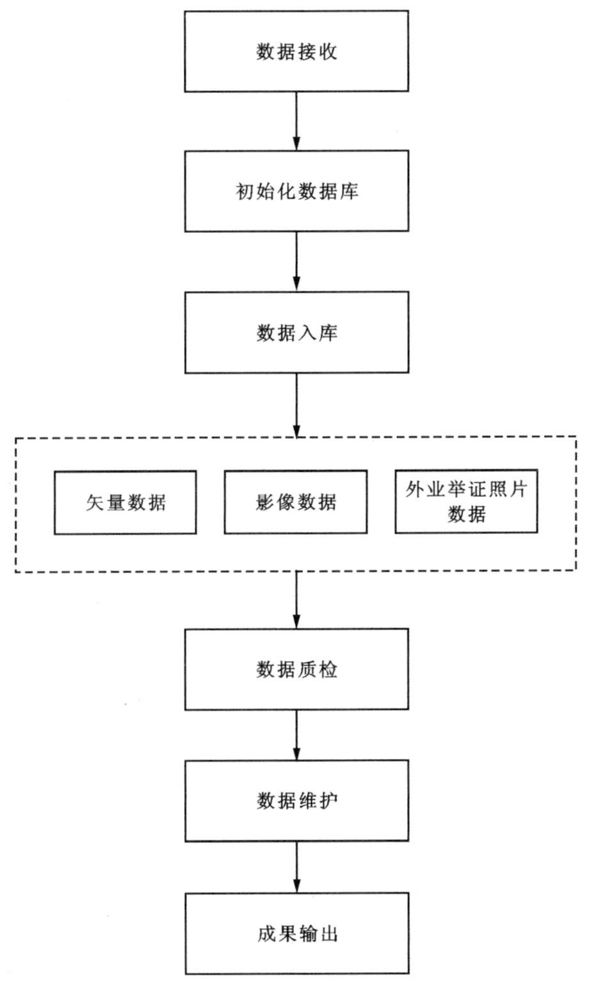


图 3－8　国土调查县级数据库建设流程

数据库建库的具体操作内容如下。

（1）数据预处理：数据规范化、内业数据预处理、外业调查底图制作。

（2）数据库建设：数据采集、数据入库。

（3）数据汇总：面积控制和汇总。

(4)数据库质量检查:完整性检查、图形数据检查、属性数据检查、文字成果质量检查及汇总成果检查等。

### (三)县级初始成果库建立

我们按照《国土调查数据库标准(试行修订稿)》提出的要求,建立县级初始数据库。建立初始库的主要目的是对城镇村范围、控制网格、本底图斑等数据进行有效管理,便于内外业数据衔接和成果汇总。

**1. 城镇村内部衔接**

城镇村内部衔接是指将前期已经完成的城镇村内部打开成果按照初始库中的20地类范围进行调整,并且整体替换到初始库中。

**2. 外业数据对接**

外业数据对接是指将省级主管调查部门下发的外业调查举证成果(即终审意见)落实到初始库成果中,保证数据间的"边界一致性"和"属性一致性"。

**3. 属性标注**

1)种植属性标注

(1)按照实际种植情况将耕种类型进一步细化为"种植粮食作物""种植非粮作物""粮与非粮轮作"进行标注。

(2)对于退耕还林工程范围内尚未达到成林标准的地类,按耕地调查并标注"林粮间作"属性。

(3)原地类是耕地(包括"二调"中标注的耕地和历年变更调查新增耕地),变更为园地、林地、其他草地、坑塘等的图斑,按外业调查实地地类上图,按照实地状况,分别标注"即可恢复"或"工程恢复"属性;对"二调"中标注为可调整地类,实地仍可恢复耕地的,且地类与"二调"地类一致的图斑,继续保留可调整地类属性,并根据实地状况,标注"即可恢复"或"工程恢复"属性;对在外业调查举证阶段标注的"速生林木""绿化草地""观赏园艺"等属性,应直接丢弃,不在数据库中体现。

(4)对于在耕地上临时种植的绿化草皮以及城镇村范围外用于美化环境及防护的绿化草地,需要按"其他草地"调查。

2)图斑细化标注

(1)对"二调"中是林地,实地调查为耕地或种植园用地的图斑,标注"林区耕地"或"林区种植园用地"。

(2)对废弃公路、废弃铁路、废弃尾矿需要标注"废弃";对垃圾填埋地块,地表已生长林或草的地块,需要标注"垃圾填埋"。

(3)收集和参考相关部门的有关资料,根据耕地的位置和立地条件,实地开展细化调查,并标注相应属性。包括:河道耕地(位于河流滩涂上的耕地)—HGD;湖区耕地(位于湖泊滩涂上的耕地)—HQGD;林区耕地(林区范围内林场职工自行开垦的耕地)—LQGD;石漠化耕地(受石漠化影响的耕地)—SMGD等。

**4.“13类”图斑转绘上图**

“13类”图斑转绘上图是指提取外业调查举证成果图斑层中的临时用地(1301)、光伏板区(1302)、推土区(1303)和拆除未尽区(1304)图斑,按《国土调查数据库标准(试行修订稿)》提出的要求进行单独图层管理。

(1)临时用地单独图层。在县级数据库建设阶段,对已报备的临时用地,且在有效期内的,实际使用范围按建设用地上图,并将其批准范围以及批准文号以单独图层方式存储在数据库中;未通过报备或超过有效期的按建设用地上图,不得在单独图层表示。

(2)光伏板区单独图层。按原地类调查光伏板区域,不得出现建设用地(已取得合法用地手续的除外)。若2016年变更调查数据库中标注为建设用地,必须往前逐年追溯至最近的非建设用地地类。光伏板用地的占地范围以单独图层的方式存储在数据库中。若光伏板区范围内原地类为耕地,按耕地调查,并标注“未耕种”属性。

(3)推土区单独图层。对利用方向不明确的推土区按原地类调查,对其占地范围以单独图层方式存储在数据库中,推土区占用原地类为耕地的,按耕地调查,并标注“未耕种”属性。推土区占用原地类为20地类的,按建设用地调查,地类图斑层图斑地类编码和地类名称必须为05～09的最末级地类以及空闲地(1201)。推土区在国家下发的批准未建设范围内的,按批准用途上图。如在统一时点时推土区已建成,可通过增量更新方式更新为建设用地。对于地基已开挖、建筑施工主体工程已达到“正负零”(即基础结构施工已完成)的推土区,可按建设用地调查。

(4)拆除未尽区单独图层。对于未拆除到位和拆除未复耕或复绿等的地块,依据原建构筑物认定地类,并将“拆除未尽”范围以单独图层方式存储在数据库中。其中,属于建设用地拆除未尽的地块,按建构筑物对应的二级地类调查;属于设施农用地拆除未尽的地块,按设施农用地调查;属于临时用地拆除未尽的地块,按建设用地调查,并同步在“临时用地”和“拆除未尽”单独图层表示。对实地已复耕或复绿的地块,按现状调查。

**5.举证图斑预编号挂接**

在县级数据库建设完成后,依据数据库地类图斑层及外业调查成果表填写举证图斑信息表。对于外业调查成果表中填有图斑预编号的图斑,地方需要通过空间位置关系,填入数据库地类图斑层相应图斑预编号字段中。对于位置相邻且属性完全一致的图斑,地方需要在建库时作图斑合并处理,涉及多个外业图斑合并的填写多个外业图斑预编号;根据相关要求对线状图斑进行图斑分割,分割后图斑预编号与原图斑一致。

**6.异常地类复核**

1)地类

(1)核实目标库中的地类编码和名称与外业调查成果的一致性。

(2)核实道路是否按照“权属、坐落、走向、宽度、地类”一致的要求进行切割。

(3)核实线状地物宽度大于50m的线性图斑。

(4)核实是否存在微小多边形面积小于 50m²(地类图斑、城镇村等用地)的情况。

2)种植属性

(1)对于原地类为可调整地类或耕地,核实是否标注"即可恢复、工程恢复"属性(正逆向检查)。

(2)对于"二调"中标注的可调整地类,核实是否保留了带 K 属性(正逆向检查)。

3)细化标注

核实内容:核实工业用地细化标注、耕地细化标注,以及林区园地、废弃、垃圾填埋等标注的正确性。

4)临时用地

临时用地单独图层必须符合的要求:外业调查为临时用地并且已备案,且实地范围与备案范围重合度面积大于 70%。

5)推土区

核实内容:单独图层范围是否与外业调查范围一致、是否存在碎面;地类是否按原地类继承。

6)拆除未尽区

核实内容:单独图层范围是否与外业调查范围一致、是否存在碎面;地类是否按照建筑物原主体地类认定。

7)飞入地

核实内容:确认飞入地标识填写的正确性。

8)城镇村等用地

核实内容:202 是否集中连片;202 范围内是否存在一个被包围的 203,或 203 范围内是否存在一个被包围的 202。

9)异常数据

(1)异常数据 20 范围外,是否存在 05~09、1201、1004、1005 的图斑。

(2)核实 0403K、0403K 的正确性;

(3)08H2 内是否存在未细化到 08H2A 的图斑。

(4)1104 内是否存在未细化到 1104A 的图斑。

10)村级调查区界线复合

(1)是否存在村级调查区界线切割建筑。

(2)村级调查区的代码和名称取值正确性。

**7. 数据接边**

数据接边是指依据遥感影像辅助实地调查,对不同行政区域界线两侧重要地物进行接边;对地类编码、地类名称、权属性质、图斑细化代码、图斑细化名称、线状地物宽度、城镇村属性码等属性进行接边,对于地类为耕地的图斑还需要核实耕地类型、耕地种植属性代码、耕地种植属性名称。当行政区域界线两侧明显地物接边误差小于图上误差 0.6mm、不明显地物接边误差小于图上误差 2.0mm 时,双方各改一半接边;否则双方应实地核实接边。

市与市之间的数据接边工作由省三调办组织开展，市内部各县(区)间数据接边工作由各市三调办组织开展。

### (四)县级数据入库

(1)地类图斑数据入库。加载地类图斑层数据，对地类图斑进行拓扑检查、属性检查、共点检查，检查无误后，将数据录入数据库中。

(2)城镇村等用地的数据入库。加载城镇村等用地的数据，检核城镇村等用地的各属性字段是否按照要求填写，并对城镇村等用地的数据进行拓扑检查、属性检查、共点检查，检查无误后，将城镇村等用地的数据录入数据库中。

(3)村级调查区入库。加载村级调查区数据，检核村级调查区的各属性字段是否按照要求填写，并对村级调查区数据进行拓扑检查、属性检查、共点检查，检查无误后，将村级调查区数据录入数据库中。

(4)行政区入库。加载行政区数据，检核行政区村的各属性字段是否按照要求填写，并对行政区数据进行拓扑检查、属性检查、共点检查，检查无误后，将行政区数据录入数据库中。

(5)其他数据入库。其他需要入库的数据包含行政区域界线、村级调查区界线、路面范围、临时用地、推土区、拆除未尽区等图层，对各图层要进行共点、拓扑与属性检查，确保数据的完整性与正确性。

### (五)属性维护

#### 1. 专项维护

专项维护是指对所入库的城镇村等用地的数据进行城镇村代码与名称维护，确保一一对应。后期在其他专项数据入库时，将进行专项数据属性维护。

#### 2. 数据库维护

数据库维护是指在行政区、行政区域界线与地类图斑入库后，对这 3 个图层进行属性值维护，确保数据的完整性。

(1)图斑地类面积维护(TBDLMJ)。

(a)“扣除地类编码”(KCDLBM)(1203 田坎)。当坡度级别大于 2 时，才会有值。

(b)“扣除地类系数”(KCXS)(田坎系数)。由测算公式可知，有“扣除地类编码”才会有“扣除地类系数”，“三调”的田坎系数沿用“二调”的田坎系数。

(c)“扣除地类面积”(KCMJ)=“扣除地类系数”×图斑面积。

(d)图斑地类面积(TBDLMJ)=图斑面积−“扣除地类面积”。

(2)图斑编号维护(TBBH)。按照图斑编号规则，对图斑编号进行维护。

(3)耕地坡度级别维护(GDPDJB)。当地类为耕地时，需要填写“GDPDJB”字段并归入省级主管调查部门下发的“坡度图数据”中，在将“坡度图数据”入库后，对“地类图斑图层”进行赋值。

(4)耕地类型维护(GDLX)。当地类为耕地时,需要填写“GDLX”字段。将坡度级别为2°以上的耕地再分为梯田和坡地两种类型,当耕地为坡地时,填写“PD”;当耕地为梯田时,填写“TT”;当耕地为平地时(坡度级别小于等于2°),则不填写。耕地类型由外业调查确定。

(5)飞入地标识维护(FRDBS)。当该地类图斑为飞入地时,实际坐落单位的代码与权属单位代码不同。图斑是飞入地填写“1”,图斑不是飞入地填写“0”。

(6)城镇村属性码维护(CZCSXM)。根据已划定好的“城镇村等用地图层”对“地类图斑图层”进行属性赋值,维护城镇村属性码。

(7)标识码维护。对数据库中数据的标识码进行维护,将重复的标识码进行去重处理。当原始数据提交过程中存在标识码重复与国标标识码未按照要求填写的情况时,入库后统一对标识码与国标标识码进行维护。

**3. 面积计算**

根据广东省自然资源厅所下发的控制面积进行填写,计算各图层椭球面积,并根据计算结果,生成统计台账。

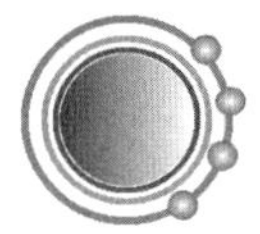

# 第四章　成果质量控制

## 第一节　“一调”成果质量控制

### 一、市级成果质量控制

#### (一)严格检查验收制度

(1)质量检查。为保证汇总成果质量,对每道工序都要进行认真检查,建立地(市)级自检和省级阶段性检查制度,把差错消灭在作业期间。工序检查合格后,检查员签字,方可转入下一道工序。对不合格的成果,根据情况予以补测或返工。汇总图件成果时应在各工序检查合格的基础上,实行三级检审制度。第一步,由负责图幅检查工作的编辑认真检校,初步定稿后签字;第二步,交土地详查汇总小组技术负责人审核,初步定稿后签字;第三步,交土地详查汇总小组技术负责人审核,签署意见;第四步,将成果交地(市)级汇总办公室终审定稿,终审负责人签署意见并签字。在三级检审过程中,发现有不合格的内容,责成作业人员进行修正或返工,修改后须经检查合格方可上交。

(2)成果验收的主持单位为省级土地管理部门。地(市)级汇总办公室通过自检认定汇总成果已达到《土地利用现状调查地(市)级汇总技术规程》(TD/T 1002—1993)(简称《汇总规程》)的要求后,完成《申请验收报告》,简要汇报汇总成果的自检情况,连同汇总成果一并报省级土地管理部门检查验收。省级检查验收分为检查和验收两个程序。具体程序如下:①省级土地管理部门及时组织检查组对地(市)级主管部门提交的汇总成果进行检查,并完成汇总成果检查报告,对存在的问题提出处理意见;②省级土地管理部门接到检查组检查报告,认定成果达到要求后,即可组成省级验收委员会,对地(市)级主管部门修改后的汇总成果进行核检验收,对质量合格者,发放合格证书。

#### (二)检查内容

**1. 接边和数据部分**

(1)与相邻地(市)间境界线接边所有图幅,重点检查相邻3个地(市)和本地(市)辖区内三县境界线交会点的所在图幅接边。

(2)不同比例尺的图幅和境界线的接边。

(3)与相邻地(市)间共同签署确认的文件和图件资料。

(4)图幅理论面积与控制面积接合图表。

(5)土地利用现状调查地(市)级汇总表。

**2. 图件部分**

(1)提交检查验收的图种、成图范围、数量是否符合规定要求。

(2)图件编绘过程中的文献、基础资料是否完备。

(3)标准分幅土地利用现状薄膜黑图的检查项目:①编图的目的和任务;②分幅、比例尺的确定;③编图的技术方案;④数学基础,包括投影坐标数据的换算、抄录、展绘图廓点数据和点位精度;⑤资料的收集、分析评价及使用;⑥土地利用现状分类(即一级8类,二级46类)及表示方法;⑦编绘底图的拼贴精度和线划质量;⑧境界线是否表示正确,是否交代清楚与周围相关要素的关系;⑨图幅的接边是否正确无误;⑩提交的标准分幅土地利用现状薄膜黑图是否符合照相复制的要求;⑪地类图斑的综合取舍与自然地理要素的关系是否协调;⑫地类图斑的闭合、地类符号的配置是否有错漏;⑬各图幅表示的内容、数量、密度是否协调,图面是否主题突出、清晰易读;⑭图廓外整饰是否完备。

(4)标准分幅土地利用现状着色图的检查项目:①着色图的底图是否由标准分幅土地利用现状薄膜黑图复制而成;②各地类的用色是否与《土地利用现状调查技术规程》(国发〔1984〕70号)规定的用色一致;③各图斑的着色是否严格沿着图斑界线进行,不互相覆盖或留有空白;④图例是否完备、正确,内容是否一致。

(5)地(市)土地利用现状彩色挂图的检查项目:①作业方案、资料使用(包括现势性)是否正确;②图幅的配置、比例尺的确定是否合理;③数学基础内容的选取及表示方法是否符合内部用图的要求;④是否客观地反映了本地区土地利用类型的面积对比、分布特征及土地利用情况以及它们之间的相互关系;⑤图面是否清晰易读、美观大方、层次分明。

**3. 文字部分**

文字部分的检查项目:文字成果内容是否包括《汇总规程》中的第23条、第24条的内容,以及提交验收成果的规格(稿纸手写、复印或打印装订)。还要检查引用资料、数据是否注明出处和时间。

### (三)检查的方法

对土地利用现状调查地(市)级汇总成果检查验收时,在全面审查的基础上,应随机抽取图件和数据成果量的10%~15%,进行重点检查,并作详细记录。接边和数据、图件、文字报告各项成果均分别按优、良、合格三级评定。

**1. 接边和数据部分**

1)接边

(1)采取相邻调查单位相互对图的方式接边。一般是将两张原始调绘面积量算工作底图放在透图台上进行接边，目视时套合不走线。

(2)将图幅理论面积与控制面积接合图表上注记的数字与面积量算、原始手簿对照检查。

2)数据部分

(1)应用钢笔或铅笔填写地(市)级汇总表或用计算机打印，字迹要工整、美观、清晰，数据要对位齐整，如有划改也要使原底数清晰可见。表簿要整洁、完好。

(2)对汇总表的制作要做到计算无误、真实、完整。

(3)在对相邻地(市)一级控制面积检查时，要求结合本地(市)与相邻地(市)的图幅理论面积与控制面积接合图表开展。

(4)对各类统计分析表的计算进行检查。对统计分析表中与当地实际情况严重矛盾的数据分析结果，要清查数据来源及计算过程。

**2. 图件部分**

1)基本要求

(1)提交检查的图件种类、数量必须符合《土地利用现状调查技术规程》(国发〔1984〕70号)和《汇总规程》提出的要求。

(2)成图的范围、分幅、比例尺必须符合《土地利用现状调查技术规程》和《汇总规程》提出的要求。

(3)土地利用分类必须符合《土地利用现状调查技术规程》提出的要求，一级8类、二级46类。

(4)编辑设计书等技术基础资料必须完备，符合《汇总规程》提出的要求。

提交检查的图件，必须符合以上4个基本要求，才能接受后续的质量检查。违反其中任意一点，均视为不合格图件，不再进行下一步检查。

2)技术质量标准

(1)图件编绘过程中的技术文件齐全。

(2)编图的技术方案合理。

(3)资料收集全面，分析正确，选用的基本资料、补充资料、参考资料得当。

(4)土地利用专题要素的综合取舍合理正确，图斑交代清楚，与自然地理要素协调一致。

(5)数学基础的精度符合规定，图廓外整饰完备、美观。

(6)境界线表示完整正确，与周围相关要素关系交代清楚。

(7)图幅接边正确。

(8)图面整洁，清晰易读，主题突出。

(9)提交的土地利用现状薄膜黑图符合复制要求。

**3. 文字部分**

(1)首先确认土地利用现状调查报告、土地资源专著的内容是否齐全，是否符合《汇总规程》的要求，结构是否合理，有无突出的特点。

(2)检查文字是否具有以下3个基本特点。

(a)地方特点:全部文字内容围绕当地特点展开;因土地条件、历史沿革及变更,在分类叙述中均显示地方特色;提出的问题和建议、总结的经验切合当地实际,有实用价值。

(b)专业特点:围绕土地利用这一核心,写出土地资源现状、结构及其开发利用特色,同时还要充分利用其他专业资料。

(c)地域分布特点:土地条件与土地利用现状均以地域分布规律的分析为主线,增强方案对土地的利用、管理、规划及区划工作的指导作用。

(3)检查文字是否具有较高的科学性和系统性,保证文字论述严谨,立论正确,学术观点和技术上的论述无错误;图、表、文字叙述相互呼应,不出现矛盾;内容围绕中心,层次清楚,配置得当,既不重复繁琐,又无缺项。

(4)检查技术成果的质量技术路线和调查方法有无创新,有无推广价值、明显的经济效益和社会实用效果;调查成果质量和精度分析是否科学合理,有无充分可靠的依据。

(5)检查文字成果中附图、附表是否做到图、文、表并茂,相辅相成;图表是否完整,内容及表示方法有无错误,引用数据是否有出处。

(6)检查文字内容是否具有逻辑性,保证文笔通顺流畅,无错别字,可读性强。

## 二、省级成果质量检查

### (一)省级汇总验收条件

(1)县级调查、地(市)级汇总成果已全部通过正式验收。

(2)县级调查、地(市)级汇总3项成果已全部上报国家土地管理局。

(3)具有1995年全国汇总时经年底核实的全省土地面积、分类面积数据册和变更到验收的上年度的统一数据。

(4)具有省级汇总工作情况汇报资料。

### (二)验收标准与程序

(1)验收标准和方法。省级汇总按照国家土地管理局颁发的技术规程及本文规定执行。

(2)省级汇总完成后需要按规程要求进行自检。自认为已达到预检要求的省级土地管理部门,可正式提出申请预检报告,并附省级汇总工作情况汇报及自检结果,国家土地管理局收到报告后,将在10日内做出答复,20日内进行预检安排。

(3)根据检查情况,预检组除现场提出省级汇总中存在的问题及处理意见外,将在预检后15日内正式下文通知省(区、市)级土地管理部门对存在的问题的处理办法。

(4)对汇总成果资料进行修改、完善后,认定已达到验收要求的,省级土地管理部门可将问题处理的详细情况告知国家土地管理局,并商定验收日期。

(5)根据预检组的汇报及省(区、市)级土地管理部门对问题的处理情况,国家土地管理局将在15日内做好验收安排,对省级汇总进行正式验收。

### (三)省级汇总中对有关问题的要求

(1)凡涉及国界、海岸、滩涂界线的省(区、市),应严格按 1995 年复核时确定的国界和滩涂界线(低潮线)进行汇总;沿海各省(区、市)应按滩涂界线(低潮线)绘制图幅理论面积与控制面积接合图表;对于海岛,应把参加本省汇总的海岛个数、名称、面积归属县级土地管理部门独立汇总。

(2)省际间争议区工作界线的画法,原则上应以 1995 年底在北京校核全国数据汇总时,进行省际接边所确定的界线为依据,其争议区应在省级接合图上标出,争议区数据汇总按省级《汇总规程》第 9 条执行;对于已经民政部门勘定的界线,应按勘定界线汇总全省土地面积和地类数据。

(3)图幅理论面积统一按《土地利用现状调查技术规程》(国发〔1984〕70 号)中规定的理论面积确定。

(4)为简化省级接合图表的检查、核对工作,国家土地管理局将统一编制有关软件,并下发各省使用。

(5)省级土地管理部门在汇总时,应按《汇总规程》对接边、图幅理论面积等进行核实,全省土地面积与 1995 年汇总数据应该一致,如有不一致的情况,必须说明原因,并指出不一致面积的图幅、位置。

(6)各省上报的省级汇总数据软盘必须采用国家土地管理局编制的汇总软件数据格式。如已采用其他软件数据格式,在验收前也应将数据转换或输入到统一编制的软件中。对于软件使用中的问题,由全国土地资源调查办公室负责解决;变更调查汇总数据也应输入到国家土地管理局编制的软件中。

(7)对不符合《土地利用现状调查技术规程》(国发〔1984〕70 号)规定的田坎扣除系数,在大验收前改正,并落实到县级图斑上;检查验收不同耕地类型田坎系数的测定方法、数量、分布及计算的原始数据。

(8)土地详查面积精度分析中典型样区和样点设置应不少于省级汇总规程的规定,并检查验收样区、样点的位置、分布、地类、检测方法、图斑号、数量及原始资料。

(9)按省级汇总规程的规定,省级接边资料应齐全。

(10)在省级汇总成果资料预检时,将对个别县进行实地抽查。为了加快土地详查省级汇总工作,请各省(区、市)局(厅)领导抓好省级汇总的组织、协调工作,解决工作的疑难问题和实际困难,以确保省级汇总工作如期完成。

## 第二节　“二调”成果质量控制

### 一、质量控制体系

“二调”成果质量控制执行“二查一验”(即二级检查、一级验收)的制度。

### (一)过程检查

(1)作业单位按照ISO9001质量管理体系要求,做好底图产品的过程质量自检工作,填写过程记录表。

(2)在作业完成自查互查的基础上,作业小组将成果交检查组进行过程检查(即一查),过程检查由检查组负责组织实施,检查面达到100%,即外业检查面100%、室内图件检查面100%。

(3)承担单位质检部门检查,并填写生产单位的《成果自检报告》,具体做法可参见《第二次全国土地调查成果检查验收办法》。

### (二)成果预检

广东省"二调"领导小组办公室组织质检部门对县(市)级工作底图和坡度分级数据成果进行预检,并提交《成果预检报告》,具体做法可参见《第二次全国土地调查成果检查验收办法》。

### (三)县级单位组织验收

对于作业单位自查修改合格后的"二调"成果,应移交县级单位进行检查(即二查),可进行抽样检查,检查面不低于验收检查面的两倍。当发现质量不稳定或成果质量参差不齐时,可扩大检查面。成果经全面修改并确定质量达到合格后,由县级单位上报市级单位验收。

### (四)市级单位组织验收

市级单位组织专业人员成立市级验收组,成员由市国土局和下属各县的技术骨干组成,对县级单位上报的"二调"成果进行抽查、验收。可将合格以上的成果在修改完善后上报广东省"二调"领导小组办公室申请预检,预检通过后则提交省国土资源厅验收。

### (五)省级单位组织验收

广东省国土资源厅组织成立省级检查组,成员由广东省土地调查规划院、广东省测绘产品质量监督检验中心及省国土资源测绘院抽调专家组成,检查组对国家检查反馈的疑问图斑进行检查(检查面为100%)。成果验收通过后,广东省国土资源厅负责将本辖区内验收通过的第二次土地利用数据库成果进行汇总,并报国土资源部确认。

## 二、成果质量控制

### (一)外业成果质量控制

"二调"外业成果质量的主要控制标准涉及各级行政区域界线和权属界线及《权属核定书》、工作底图、外业调查记录表等方面。具体流程是:在室内对上述方面进行检查的基础上,确定野外检查的范围和路线(一般在认为调绘质量存在问题的部分,划定连片的10~20

个图斑的范围)，在野外对权属界线、地类调绘、补测、线状地物的量注等进行检查。

**1. 各级行政区域界线和权属界线及《权属核定书》**

检查项目：①省、市、县(区)行政区域界线检查是否与省国土资源技术中心下发的电子数据一致；②镇、街道办行政区域界线是否按地方民政部门认定的界线转绘。

权属界线核定书的质量要求：①填写界线核定日期；②用红色表示权属界线；③无错别字；④在核定书上填写权属单位名称；⑤指界人员及调查人员签名；⑥在附图上注记文字说明中的地名；⑦一式三份的文字说明要一致；⑧核定书一式三份；⑨绘制指北针且指北针方向正确；⑩填写附图资料来源；⑪附图中的符号按图式规定表示；⑫在附图中注权属单位名称；⑬图面整饰符合要求；⑭界线通过线状地物时说明以中线为界或以一侧为界，以及线状地物归属；⑮地名正确，在实地能找到该地位置；⑯文字说明与附图对照，其方向或位置一致；⑰须说明起止点及重要的拐点，根据图、文能找到实地位置；⑱双方负责人签字盖章；⑲有争议时须填《争议原由书》。

权属界线转绘的质量要求：①权属界线的转绘方法正确；②用红色表示权属界线；③界线通过线状地物时表示清楚线状地物归属；④对照文字说明、附图等，其方向或位置一致；⑤权属界线整饰符合要求；⑥起止点及重要拐点的位置不错、不漏。

**2. 工作底图**

工作底图的基本质量要求：①有调查人员签名；②填写调查日期；③标注变化的权属单位名称；④标注变化的图斑界线、地类代码及地类备注。

**3. 外业调查记录表等方面**

对外业调查记录表的基本要求：①图斑及线状地物的权属明晰；②填写图幅号；③填写土地所有性质；④填写地类号和地类名称；⑤调查员签名、调查日期齐全；⑥填写土地状况；⑦字迹工整。

## (二)内业成果质量控制

**1. 数据库的质量控制**

1)数据源质量控制

检查项目：根据数据源质量要求对数据源进行质量检查，并填写数据源质量检查表；检查图形数据精度是否在限差范围之内；在检查 DOM 等数据源的点位精度时，可选择明显地物点，与 GPS 测量实地坐标进行对比检查；检查农村土地调查记录手簿的规范性、完整性、逻辑一致性，并对照图件检查对应关系；检查数据源的数据格式、数学基础和数据精度等。

2)数据采集质量控制

采用环节质量控制和交接检查的方法，对过程质量进行控制，具体操作为：作业员应当记录其作业过程及重大问题；作业员对数据进行全面自查，技术负责人组织作业员互查；由专业质量检查员对重要环节进行重点检查，并填写质量控制检查及处理表；专业质量检查员要不定期进行抽查，确保数据质量；不同作业员在进行不同作业环节的数据交接时，进行数据交接检查，交接检查卡。

3)接边拓扑处理质量控制

作业员应对每幅图进行接边处理及记录重大问题，专业质量检查员应对接边图幅进行重点检查，并填写质量控制检查及处理表；检查每幅图相邻图形要素是否存在缝隙和重叠现象；检查每幅图相邻图形要素及属性要素的逻辑一致性。

4)数据入库质量控制

数据入库前应对数据进行质量检查(全部数据)，数据入库后要对计算机自动输出成果进行检查，数据运行过程中要对数据库整体安全性运行检查。

5)数据建库信息管理

数据建库过程中的信息管理是数据库质量保障体系的重要组成部分，是对建库过程中的各文档资料进行编写、整理和归档的过程。其内容主要包括项目设计书、技术标准、数据文档、原始图件、调查工作底图、生产进度安排、数据库建库技术总结、数据库自检报告等。

**2. 图件及表格质量控制**

成果检查用图的质量要求：①检查用图必须覆盖整个辖区，不得丢漏；②图内要素必有项目包括地类图斑、线状地物、注记；③图外要素必有项目包括图名、图号、比例尺；④检查用图上必须签署检查人、审核人、修改人的姓名和日期。

标准分幅图、分乡(镇)图和县土地利用图的质量要求：①图内要素必有项目包括地类图斑、线状地物、行政区域界线、地形地貌线、地形地貌点、测量控制点、图斑注记、地名注记；②图外要素必有项目包括图种名、图名、图号、图幅接合表、坐标系及高程系说明、成图比例尺、制图单位全称、说明(含调绘时间、制图时间)、辅助说明、图例；③图内、外要素的颜色、图案、线型等的表示符合规范要求。

图历簿的质量要求：①图历簿中的必填项包括数学基础、原始资料情况、预处理记载、数据采集情况、属性数据处理、重大问题说明及处理意见，其他均为选填内容；②图历簿覆盖整个辖区。

表格成果的质量要求：①表格种类齐全；②表格的表头、形式及数据项符合要求；③表格中数据项的内容正确。

**3. 文字报告的质量控制**

“二调”的文字报告成果应达到如下要求：①文字报告内容齐全、格式符合要求；②文字报告具有地方特点及专业方法差异特点；③技术路线及方法具有创新点和推广价值；④文字报告的结构合理，逻辑清楚，文字通顺，图文并茂。

## 第三节　“三调”成果质量控制

广东省“三调”作业过程中，参考数据来源多，数据处理细节丰富，项目建设过程面临繁复的数据处理、质检要求。在国土调查过程中，由于不断遇到各种数据处理及质检需求，加之国家统一的分类标准以及实施规范等文件也会根据自然资源统筹管理的需要实施变动，这些都给数据处理及质检带来一定的压力。广东省在“三调”各阶段工作的质检环节中保证生产质检一体化，减少修改量，降低了随之而来的不稳定性及“三调”工期延长的可能性。

## 一、质量检查的内容和方法

### （一）质量管控的内容

根据“分阶段、全过程”质量管控的基本要求，广东省“三调”的质量管控和检查内容主要包括：①基础数据和底图生产质量检查；②省级初始库生产质量检查；③外业调查举证结果的省级审核；④上报图斑的省级外业抽查；⑤国土调查数据库质量审核；⑥统一时点更新质量控制。

### （二）质量检查的技术方法

为提高质量管控和检查的工作效率，保障质量检查标准的统一性，广东省三调办组织广东省国土资源技术中心、广东省国土资源测绘院和广东省土地调查规划院等省级技术单位，研发了面向广东省“三调”“分阶段、全过程”质量管控的系列自动化质量检查软件，包括：①基础数据和地图生产质量检查软件；②省级初始库建设质量检查软件；③外业举证审核系统；④数据库质量检查软件；等等。通过相关系统的开发，将国家和省级有关质量管控的要求、规则，集成到自动化软件系统中。在质量检查过程中，省级技术单位以软件自动化检验为主、人工检验为辅的方式，完成质量管控工作。

## 二、省级初始库生产质量控制

省级初始库的质量检查是为了确保省级建设并下发的第三次全国国土调查初始库成果的完整性、规范性、真实性和准确性，符合省三调办的技术要求，为全省第三次全国国土调查成果库提供数据支撑和技术储备。省级初始库由省级技术单位负责建设，相应地也由省级技术单位负责质检。

### （一）检查数据对象

初始库以县为基本组织单元，以文件夹的形式存储，不同数据存储在相应的文件夹下。初始库质量检查需用到的外部数据有：地理国情监测数据、最新土地变更调查数据、中心城区范围数据、开发园区范围数据、永久基本农田数据、农村地籍调查数据、国家下发的不一致图斑数据。在外部数据参与初始库质量检查时，需要对关键图层进行提取或转换，并检查字段的属性信息是否完整，根据图中设定的组织目录和文件命名要求进行整理。

### （二）检查内容和流程

#### 1. 系统检查内容

系统对初始库成果进行 4 个方面检查：其一是对数据的完整性、有效性、规范性等进行检查；其二是依据计算机自动检查规则，对数据进行全面检查，并形成检查记录报告；其三是人工抽检，依据抽样规则，抽取本底图斑层、控制网格层，并对图斑进行人工比对检查；其四是接边检查，保证同名地物的空间位置及属性的一致性（图 4－1）。

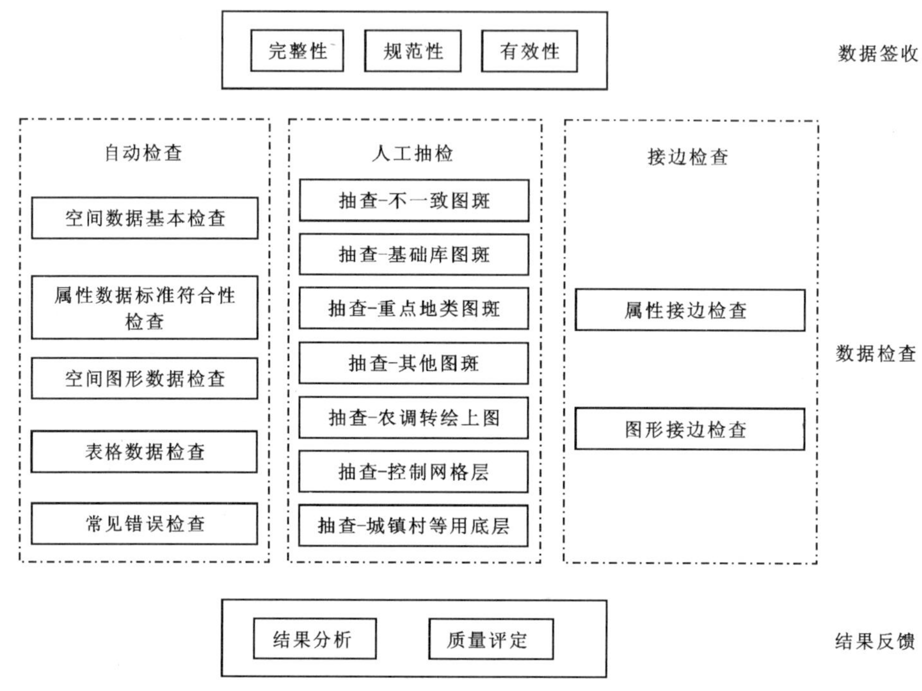


图 4－1　省级初始库的系统检查内容

**2. 系统检查流程**

检查软件对初始库质检建立流程化管理模式。流程化管理的核心是确保整个检查工作是在同一套网络、同一套数据库环境下开展，确保检查工作能按分组作业模式进行。检查流程分 3 种情况，分别是初始库成果初次检查流程、初始库返工成果检查流程和初始库成果核查流程（图 4－2）。

初始库初次检查是指对初始库成果的第一次检查，检查系统首先检查数据成果的完整性，符合完整性检查要求后，执行自动检查、接边检查、人工抽检 3 个检查模块。其中，若数据成果不满足人工抽检要求，数据成果判定为不合格产品，生产人员需要进行全面返工；若数据成果符合人工抽检要求，数据成果判定为合格产品，生产人员需要对数据中人工抽检错误标记内容进行修改，并修正自动检查及接边检查错误。

初始库返工检查是面向全面返工数据进行的检查流程。全面返工后的数据在进入检查系统后，系统会先检查数据的完整性和修改增量（数据相较于上一次提交是否有变动），通过后进行自动检查、接边检查和人工抽检，并检查上一次提交成果中的错误记录，全部通过后，方可认定为合格产品。

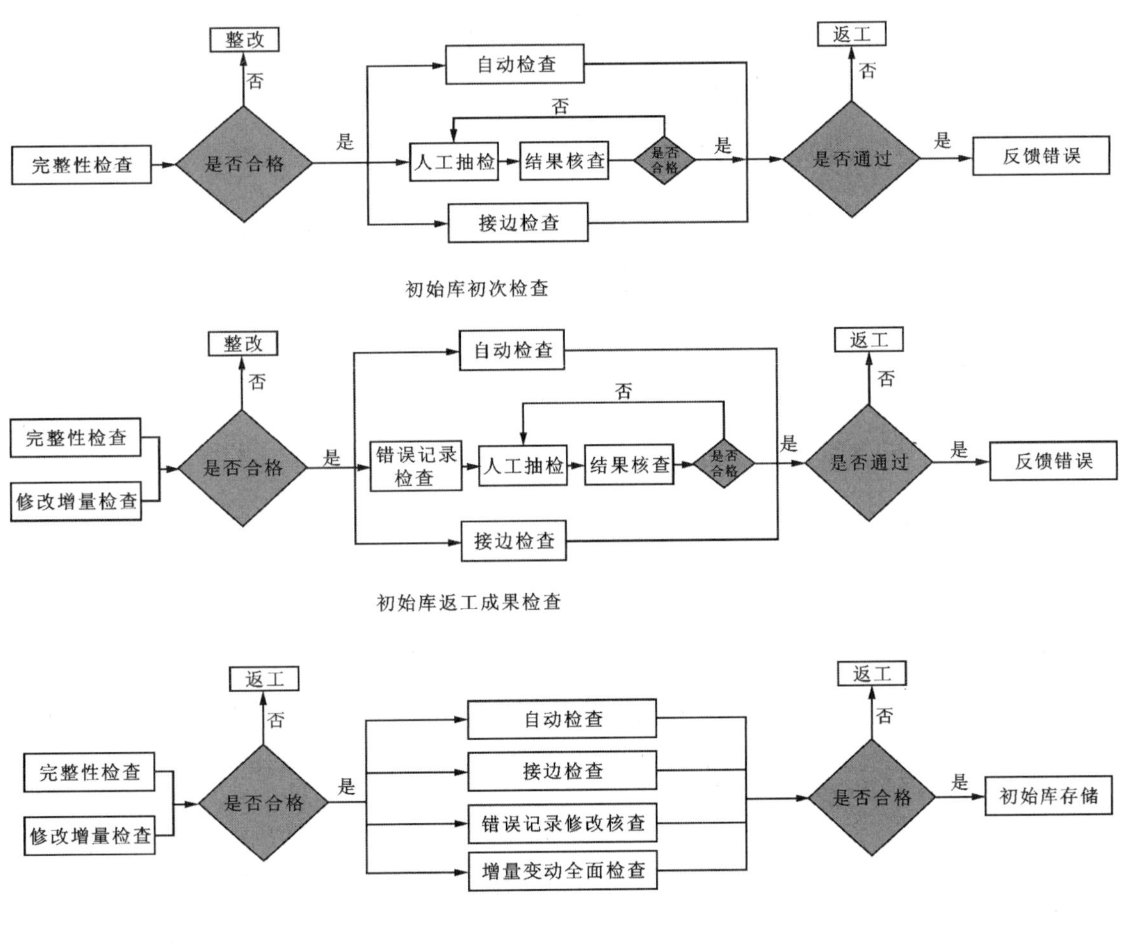


图 4-2　省级初始库质量检查流程

初始库成果核查是面向合格数据进行检查的流程。该县数据成果在上一次进行质检软件检查时，被认定为合格产品，此次进入检查系统，需要先检查数据成果的完整性和修改增量，通过后进行自动检查和接边检查，并在人工检查模块检查数据错误记录和修改增量。只有在确保自动检查、接边检查以及人工抽检模块零错误情况下，方可作为下发各县的初始库成果。

## (三)检查内容和判定

### 1. 错误判定级别

系统会将成果数据分 4 个模块进行检查，分别是数据签收检查、数据基本质量自动检查、人工抽检和接边检查。系统根据《第三次全国国土调查技术规程(试行)》《广东省第三次全国国土调查示范县初始库生产技术方案》等内容，将错误判定划分为 4 个级别，详情见表 4-1。

表 4－1　质量检查错误等级划分

| 错误等级 | 说明 |
|---|---|
| 1 级类 | 严重错误 |
| 2.1 级类 | 重要错误 |
| 2 级类 | 一般错误 |
| 3 级类 | 轻微错误 |

**2. 数据签收检查**

数据签收检查流程：数据接收人员收到汇交的初始库成果，提交给系统做数据签收工作；检查系统首先检查成果的质检标识文件（数据经过网络版质检软件检查后自动生成），并对成果的完整性、规范性、有效性等内容进行检核；检核通过之后受理此单成果；系统记录数据基本信息后，将成果上传至服务器，进行数据内容的全面检查。下文将对数据签收所做的检查内容进行详细描述。

**3. 基本质量检查**

广东省“三调”初始库基本质量检查代码采用 4 位数字码进行编码，其中第 1 位数字码表示检查分类，第 2 位数字码表示检查项目，第 3、第 4 位数字码表示检查内容。涉及图形拓扑容差检查项目的精度为 0.000 1m。

系统根据检查内容和规则，设计相应检查功能。初始库成果在进入自动检查模块后，依据检查项进行全面检查，除去“可例外”的错误图斑，所有图斑必须满足检查要求，方可通过自动检查模块。

### （四）人工抽检

人工抽检是与计算机自动检查、接边检查并行的环节。通过设计一定的抽样规则，检查系统对初始库的所有图层、图斑进行有重点的抽样，对抽样结果进行人工检查。

**1. 本底图斑层检查**

1）本底图斑层分层

检查方法：采用系统分层抽样，有序地将本底图斑层与国家不一致图斑、基础库、重点地类、其他图斑进行比对，按照制定好的提取规则，提取抽样范围，并在抽样范围中抽取一定比例图斑进行抽查。分层步骤：①比对本底图斑与国家不一致图斑，将图斑主要属性不一致的图斑放入“抽查-不一致图斑层”；②本底图斑层与基础库按照新的分类方法，统一到一套分类体系中，在此基础上将本底图斑与基础库图斑进行叠加对比，将图斑主要属性不一致的图斑放入“抽查-基础库图斑层”；③将本底图斑层中重点地类筛选出来放入“抽查-重点地类图斑层”；④将剩余图斑作为抽样范围，放入“抽查-其他图斑层”。

2)不一致图斑抽查

(1)对象提取。

第一步:将初始库本底图斑层与国家下发的不一致图斑层进行叠加,计算本底图斑层中各地类图斑与国家下发的不一致图斑的重叠面积。同时,提取重叠面积大于等于30%的初始库本底图斑面积的国家不一致图斑作为本层检查对象。

第二步:提取重叠面积大于等于90%的初始库本底图斑面积且本底图斑地类编码与国家不一致图斑预判地类相符的图斑,这部分图斑不纳入本层抽样范围,需要逐级落至下一层对象(本底图斑地类编码与国家不一致图斑预判地类相符的条件为:若国家不一致图斑为一级类,则本底图斑一级类代码必须与国家不一致图斑相同;若国家不一致图斑为二级类或标注类,则本底图斑地类编码必须与国家不一致图斑相同;若国家不一致图斑为复合地类,则本底图斑的一级类代码与国家不一致图斑复合地类之一相同)。

第三步:将除落至下一层对象外的剩余图斑,纳入本层抽样范围。

(2)自动检查规则。在本层检查对象中,我们执行自动检查规则,将所有错误项放入常规检查部分,逐图斑检查。

(a)国家提取不一致图斑中的"内业预判地类"属性为DT、JZ、YH、CK、GEF标注类,对应的本底图斑层中的图斑地类名称与其属性不一致的地类图斑,自动判定为错误(国家不一致图斑属性为JZ标注类,本底图斑地类为20X或0702,并且本底图斑与基础库20X地类的图斑重叠面积大于70%的本底图斑面积的地类图斑,视为正确)。

(b)国家提取不一致图斑中"内业预判地类"属性为SM标注类,对应的本底图斑层中图斑地类名称不为SM,河流水面、湖泊水面、水库水面、坑塘水面、可调整养殖坑塘地类,或地类名称为耕地但种植属性不为KT的地类图斑,自动判定为错误。

(c)国家提取不一致图斑中"内业预判地类"属性为01类,对应本底图斑层中地类图斑不为01、0101、0102、0103地类的地类图斑,自动判定为错误。

(d)国家提取不一致图斑中"内业预判地类"属性为20类,对应本底图斑层中地类图斑不为201~205、YH、GY、JY、0702、0603、JZ地类的地类图斑,自动判定为错误。

(e)国家提取不一致图斑中"内业预判地类"属性为二级地类,本底图斑层中图斑地类名称与"内业预判地类"不一致的地类图斑,自动判定为错误。

(f)在永久基本农田范围内,国家提取不一致图斑"内业预判地类"属性不为01类,初始库地类图斑属性为01、0101、0102、0103地类,且种植属性与国家提取不一致图斑"内业预判地类"属性一致的地类图斑,视为正确,否则自动判定为错误(初始库地类图斑与基本农田范围搭边,落在基本农田范围内的面积小于400$m^2$、占原图斑比例小于10%且图斑面积小于6亩,或落在基本农田范围内的面积占原图斑面积比例小于10%且图斑面积大于等于6亩的图斑,也在提取范围内)。

(g)国家提取不一致图斑"内业预判地类"属性为01/02、02/03、03/04复合地类,本底图斑层中图斑地类名称与对应复合地类均不一致的地类图斑,自动判定为错误。

(3)人工检查。我们从抽样范围中,抽取10%的图斑作为检查对象,进行人工检查。

3)基础库图斑抽查

(1)对象提取。首先在三大类地类的基础上新建一套分类体系,把初始库和基础库统一到一套分类体系中,详细分类体系见表4-2。

**表4-2 抽取对象分类表**

| 基础库地类与四大类对应关系 | 四大类 | 初始库地类与四大类对应关系 |
| --- | --- | --- |
| 水田、水浇地、旱地 | 耕地 | 水田、水浇地、旱地 |
| 果园、茶园、其他园地,林地、灌木林地、其他林地,天然牧草地、人工牧草地,农村道路、坑塘水面、沟渠、设施农用地、田坎 | 其他农用地 | 果园、茶园、橡胶园、其他园地,乔木林地、竹林地、红树林地、森林沼泽、灌木林地、灌丛沼泽、其他林地,天然牧草地、沼泽草地、人工牧草地,农村道路、沟渠、设施农用地、田坎、坑塘水面、水库水面 |
| 城市、建制镇、村庄、采矿用地、风景名胜及特殊用地、铁路用地、公路用地、机场用地、港口码头用地、管道运输用地、水库水面、水工建筑用地 | 建设用地 | 商服用地、工业仓储用地、采矿用地、盐田、城镇住宅用地、农村宅基地、机关团体新闻出版用地、科教文卫用地、公用设施用地、公园与绿地、特殊用地、空闲地、铁路用地、轨道交通用地、公路用地、城镇村道路用地、交通服务场站用地、机场用地、港口码头用地、管道运输用地、水工建筑用地 |
| 河流水面、湖泊水面、沿海滩涂、内陆滩涂、冰川及永久积雪、其他草地、盐碱地、沼泽地、沙地、裸地 | 未利用地 | 其他草地、河流水面、湖泊水面、沿海滩涂、内陆滩涂、沼泽地、冰川及永久积雪、盐碱地、沙地、裸土地、裸岩石砾地 |

(a)将初始库本底图斑层与基础库图斑层进行叠加,按照新的分类,计算初始库中图斑与基础库各地类图斑的叠加比例,提取基础库地类图斑与本底图斑中属性一致且重叠面积累计之和大于等于90%的本底图斑面积的图斑,将这部分图斑纳入下一层,剩余图斑作为本层对象。

(b)在本层对象图斑中,分别提取耕地变化、建设用地变化、农变未图斑,以及耕地二级类变化图斑和新增设施农用地图斑,纳入本层抽样范围。

(c)本层对象中除纳入抽样范围的图斑外,其余图斑纳入下一层。

(2)人工检查。对上述抽样范围内图斑,分别抽取10%进行人工检查。

4)重点地类图斑抽查

(1)对象提取。我们根据初始库生产方案,设定抽样规则,可将以下图斑提取为本层的检查对象:①耕地图斑,本底图斑层中地类名称为耕地图斑(01、0101、0102、0103);②建设用地图斑。

(a)提取城镇村等用地界线范围内地类为05、06、07、08、09或20X属性的图斑,作为本层检查对象,其余地类图斑纳入下一层。

(b)对城镇村等用地层图斑按一定比例进行抽样,套合本底图斑层对抽取的城镇村等用地样本图斑进行检查，同时对样本图斑范围内提取的本底图斑层检查对象进行检查，所有检查错误均标记在本底图斑层相应的地类图斑中。

(c)空闲地图斑。提取城镇村等用地界线范围内地类为 DT 和 YH 的图斑。

(d)标注类图斑。提取本底图斑层中地类名称为标注类的图斑(DT、JZ、YH、CK、GEF)。

(e)未利用地图斑。提取本底图斑层中地类名称为未利用地的图斑(0404、1108、1204、1205、1206、1207)。

(f)可调整地类图斑。提取本底图斑层中的可调整地类图斑，与基础库中带 K 地类图斑进行叠加，计算重叠面积占本底图斑层可调整地类图斑面积的比例，重叠面积比例介于 10%和 90%之间的地类图斑，作为抽样对象进行检查。

(2)自动检查规则。我们提取本底图斑层中的可调整地类图斑，与基础库中带 K 地类图斑进行叠加，计算重叠面积占本底图斑层可调整地类图斑面积的比例，小于 10%的地类图斑视为错误，大于等于 90%的地类图斑视为正确。

(3)人工检查。我们在上述样本范围中抽取 10%的图斑进行人工检查。

5)其他图斑抽查

(1)对象提取。在本底图斑层中，除上述 3 层之外剩余的图斑，均可纳入本层抽样范围。具体为：①网状图斑；②农村道路，地类为农村道路，宽度大于 8m，显示自动判定为错误；③除网状图斑外，其他剩余的地类图斑。

(2)人工检查。我们在上述抽样范围中抽取 10%的图斑进行人工检查。

**2. 农调上图层抽查**

1)对象提取

我们首先对农村地籍调查数据进行综合归并，设定 10m 缓冲区域，对农村地籍调查数据进行聚合；然后与本底图斑层 20X 范围进行叠加，提取重叠面积小于等于 60%的聚合图斑面积且聚合图斑面积大于等于 $800m^2$ 的图斑，纳入本层抽样范围。

2)人工检查

人工检查内容为：抽样图斑叠加影像，判断是否为农调成果未上图，确定为漏上图的视为图斑错误，并将错误标记在本底图斑层，按聚合图斑数进行错误统计。

**3. 城镇村等用地图层抽查**

1)对象提取

我们将 201、202、203、204、205 范围内的图斑提取为检查对象。

2)自动检查规则

(1)201、202 范围内一般不存在空洞；若存在，空洞面积不超过 50 亩的图斑，自动判定为错误；空洞超过 50 亩的图斑，提取出来作为必检内容。

(2)市(区)政府所在地位置必须在 201 图斑中，县、镇政府所在地位置必须在 202 图斑中；否则，自动判定为错误。

(3)不能出现201、202图斑包围的203图斑,如果有,自动判定为错误。

(4)当201、202图斑和203图斑空间相邻时,自动判定为错误。

**4. 控制网格层抽查**

1)对象提取

我们提取地类为道路、水库、水系的图斑作为本层抽样范围,抽样范围如下。

(1)铁路:提取地物类型为11、12、19的图斑。

(2)公路:提取地物类型为21、22、23、24、29的图斑。

(3)河流:提取地物类型为31、32、33、34、35、36、37、39的图斑。

(4)水库:提取地物类型为41、42、43、44、45、49的图斑。

(5)湖泊:提取地物类型为51、52、53、54、55、56、59的图斑。

2)人工检查

我们在上述抽样范围中抽取一定比例的图斑进行检查。

**5. 常规检查**

(1)本底图斑层中“抽查-不一致图斑”“抽查-重点地类图斑”“抽查-城镇村等用底层”的所有显示自动检查判定为错误的内容。

(2)若待检数据的上一次检查记录为通过,则将本次数据中提取的增量变化图斑以及错误历史记录作为对象,进行检查。

(3)若待检数据的上一次检查记录为不通过,则将本次数据的错误历史记录作为对象,进行检查。

**6. 结果核查**

结果核查是指对人工抽检的检查结果进行审核。检查人员在完成县(区)初始库图斑抽样检查后,系统根据数据提交状态,自动生成结果核查任务。具有结果核查权限的质检人员领取结果核查任务后,采用与人工抽检相同的作业方式,对检查结果进行审核,并对检查结果不正确的内容进行修订。在完成结果核查后,由系统判定检查结果是否需要全面返工,并提交给检查人员进行修改。

系统在执行结果核查功能时,需要将已提交的检查结果作为抽样范围,抽取抽样范围内各图层10%的图斑数作为结果核查内容,交由具有结果核查权限的质检人员进行检查。系统需要在质检人员提交结果核查修改意见时,对修改量进行判定,若修改量超过该环节抽样范围的10%,则该县人工抽检工作需要全面返工;若修改量未超过该环节抽样范围的10%,则交由检查人员对该县抽检检查结果进行修改完善,并作为最终检查结果,进入结果反馈环节。

**7. 人工抽检错误级别判定**

人工抽检错误类型分为图斑勾绘错误和图斑属性错误两大类,并细化为7种类型,可根据图斑面积设定相应的错误级别。检查人员对抽样图斑进行检查,依据影像及外部数据,判断图斑属性和边界采集的准确性,并结合错误特征,判定图斑错误类型。检查人员不得干预错误等级评定工作，系统应根据图斑面积，自动划定错误等级。其中，对图斑勾绘错误按标注错误形状面积来判定错误等级，对图斑属性错误按检查图斑面积来判定错误等级(表 4 - 3)。

**表 4 - 3 抽查图斑错误级别判定表**

| 图斑面积 | 图斑勾绘 | | | 图斑属性 | | | 检查结果 |
|---|---|---|---|---|---|---|---|
| 面积区间 | 重点地类图斑遗漏 | 一般地类图斑遗漏 | 边界采集不准确 | 地类属性错误 | 标注错误 | 多余采集 | 错误等级 |
| $400m^2$ 及以下 | 2 级错误 | 2 级错误 | 2 级错误 | 2 级错误 | 3 级错误 | 3 级错误 | 取最高级别 |
| 400～$600m^2$(含) | 1 级错误 | 2 级错误 | 2 级错误 | 1 级错误 | 3 级错误 | 3 级错误 | 取最高级别 |
| 600～$1500m^2$(含) | 1 级错误 | 1 级错误 | 3 级错误 | 1 级错误 | 2 级错误 | 3 级错误 | 取最高级别 |
| $1500m^2$ 以上 | 1 级错误 | 1 级错误 | 3 级错误 | 1 级错误 | 2 级错误 | 3 级错误 | 取最高级别 |

**8. 人工抽检分数评定**

系统采用分数衡量数据质量，满分 100 分，85 分计为合格，低于 85 分计为目标图层不合格。具体计分方法为

$$S_i = 100 - \left(\frac{15}{N_i * 5\%} * n_{\mathrm{I}} + \frac{15}{N_i * 10\%} * n_{\mathrm{II}} + \frac{15}{N_i * 20\%} * n_{\mathrm{III}}\right)$$

式中：$S_i$ 表示初始库人工抽检分数或目标图层分数(如“抽查-不一致图斑层”“抽查-控制网格层”等)；$N_i$ 表示目标对象抽样图斑总数；$n_{\mathrm{I}}$、$n_{\mathrm{II}}$、$n_{\mathrm{III}}$ 表示 1 级、2 级、3 级错误的图斑个数。最终分数评定等级如表 4 - 4 所示。

**表 4 - 4 初始库人工抽检各图层质量评定等级**

| 质量得分 | 质量等级 |
|---|---|
| 95 分 $\leqslant S_i \leqslant$ 100 分 | 优 |
| 90 分 $\leqslant S_i <$ 95 分 | 良 |
| 85 分 $\leqslant S_i <$ 90 分 | 通过 |
| $S_i <$ 85 分 | 不通过 |

只有当各图层抽样检查分数都大于等于 85 分，且整体计算分数同样大于等于 85 分，该

县数据才可认定为合格产品，否则，需要对数据进行全面返工。

### (五)接边检查

#### 1. 接边检查内容

接边检查内容是指在行政区域界线图层选择需要进行接边检查的相邻区(县)之间的行政区域界线，对选中的行政区域界线向两侧缓冲 100m，根据缓冲的范围，提取相邻区(县)本底图斑数据和影像。

(1)设置接边容差 10m(或让用户输入)，如果行政区域界线两侧图斑边界与行政区边界相交的点距离小于 10m，则标识为疑似接边错误。

(2)行政区域界线两侧相接的本底图斑如果不存在图形接边错误，则比较地类编码，如果一侧的地类编码为 1001、1002、1003、1004、1006、1101、1102、1103、1104、1105、1106、1107、1108、1109，另外一侧的地类编码不是相应地类的本底图斑，标识为疑似接边错误。再通过人工检查方式对疑似接边错误通过“标识为例外”的功能进行过滤。

#### 2. 接边结果评定

系统根据上述内容，设计相应检查功能。初始库成果在进入接边检查模块后，依据检查项进行全面检查，除去“可例外”的错误图斑，所有图斑必须满足检查要求，方可通过接边检查模块。

## 三、外业调查举证结果省级核查

### (一)初始调查举证结果省级审核

按照“完成一批，核查一批”的原则，省级审核员通过省级核查软件，利用计算机自动检查与人工判断相结合方式对各县(区、市)上报的图斑、举证图斑信息完成审核工作。软件先按设定规则自动对图斑进行初步检查，自动判断图斑的正确性，而后由审核员通过参考调查影像、调查填报信息、实地拍照等方式判断图斑是否符合变更要求。对于成果质量控制，采用人工详查的方式在精度为 1∶2000 的全省高分辨率航空影像逐屏对比，查找出精度超限的区域，同时分析其超限的原因，针对产生的原因，进行修改，保障成果精度。图斑经审核通过后才能进入下一个环节，审核未通过则需要重新进行外业调查或举证。

省级内业审核工作实行全过程质量控制，作业人员对作业过程中的每一个环节严格按照省厅规定要求进行自查、互查，严防出现错漏情况。根据《广东省第三次全国国土调查外业调查举证成果省级审核方案》提出的相关要求，为确保“三调”外业调查举证成果省级审核初审质量，确保举证成果省级审核工作的真实性和准确性，审核流程包括初审、复核、抽查等阶段，在审核完成之后增加内业抽查工作。审核成果在下发地方主管部门之前还要经过多环节质量复核。首先是审核小组开展一级检查，在小组间完成，主要对人工审核的每个图斑开展图斑地类、标注属性、边界调整的合理性进行复核。其次是广东省国土资源测绘院复核小组开展二级检查，重点检查设施农用地、临时用地、光伏板区、拆除未尽区、推土区、新增耕地(含耕地内部变化)、新增建设用地、农用地调查为未利用地等。二级检查完成后由广东省土地调查规划院进行抽查，只有抽查合格后方可将审核意见下发地方主管部门。

检查任务完成后，系统对检查结果进行正确率统计。若自动检查图斑的人工抽样差错率小于10%、人工逐图斑审核差错率小于10%，则判定为检查通过；若差错率大于等于10%，则判定为检查不通过，并将该县图斑全部返工，再次进行检查。当未举证图斑抽样检查差错率大于1%时，地方外业调查举证成果认定为不合格。外业调查举证成果省级审核流程如图4-3所示。

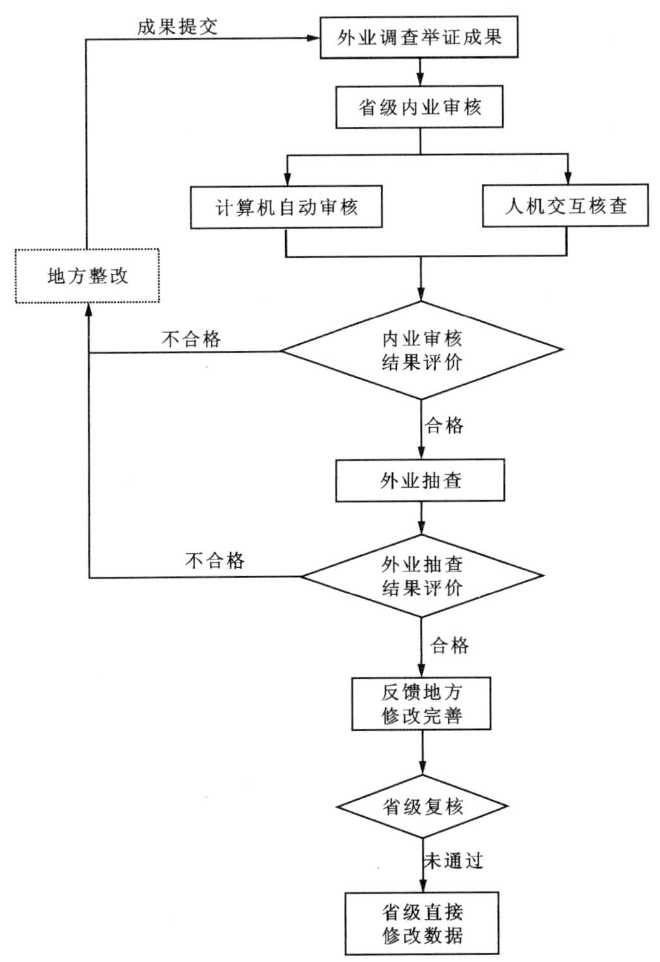


图4-3　外业调查举证成果省级审核流程

**1. 计算机自动对比**

省级审查部门对各县(市、区)分批次提交的外业调查举证成果进行资料检查。若资料检查未通过，地方主管调查部门必须重新整改上报，资料检查通过后方可进行后续检查工作。地方上报完成后，开展未举证图斑的内业抽样检查。

根据自动规则进行计算机自动比对，对自动检查通过的图斑进行人工抽检，不符合自动规则的图斑进行人工逐图斑检查。对自动检查质量进行评价，评价为不通过的，停止后续检查工作，地方主管调查部门必须重新补充举证并再次上报，省级审查部门对重新上报的数据开展内业审核；评价为通过的，进入人工逐图斑检查阶段。

**2. 逐图斑审核**

1）举证照片审核

（1）未提供举证照片的图斑，审核判定为不通过。具体包括：初始库标为不一致图斑且不属于军事用地、无法到达等可不举证类型，未提供举证照片的；地方自主举证图斑，未提供举证照片的；城镇村内部初始库预判为硬化（YH）、动土（DT），未提供举证照片的；影像判读能明显到达但未提供举证照片的；图斑面积小于 200m$^2$ 且一级地类发生变化，未提供举证照片的；地方上报为军事用地，但实地不是军事用地，未提供举证照片的；外部照片不能区分临时用地、设施农用地、建设用地，未提供内部利用特征照片的；地方上报为设施农用地，未拍摄图斑内部利用特征照片的；农用地及未利用地不能通过举证照片判读地类，未提供利用特征照片的。

（2）照片拍摄不合格的图斑，审核判定为不通过。具体包括：照片站立点明显不在图斑周围的（GPS 定位问题导致站立点偏移、方位角异常且地方备注情况属实的除外）；拍摄方向不合理，拍摄对象非本图斑，未多角度进行拍摄影响内业地类判读的；拍摄效果模糊不清，对天、对地拍摄，只拍摄图斑局部很小范围的；照片未反映主体地类，刻意避开主体地类的；无人机拍摄范围与图斑范围不一致的；其他无法辅助内业地类审核工作的照片。

2）图斑地类审核

检查规则：优先级顺序推土区还原为耕地时必须标注 WG 属性，撂荒耕地新增耕地时城镇村范围内耕地标注为 GZ 属性。图斑地类审核依据《工作分类》认定标准执行，并结合实地情况说明进行审核。

3）图斑属性审核

（1）种植属性检查。主要包括“种植粮食作物”“种植非粮食作物”“粮与非粮轮作”“休耕”“林粮间作”“未耕种”。其中，“种植粮食作物”是指种植谷类、豆类和薯类作物，“种植非粮食作物”是指种植蔬菜、棉花、油料、糖类作物、饲草、烟叶等作物，“粮与非粮轮作”是指粮食作物与非粮食作物轮种、间种和套种等情况。根据地方举证照片实地现状，判定图斑上报种植属性的正确性。

对于“二调”以来数据库地类曾经为耕地的，现状地类调查为种植园用地、林地、草地及坑塘水面的图斑，应按现状地类进行调查，同时标注“即可恢复”或“工程恢复”属性。其中，“即可恢复”是指清理后即可直接进行耕种，“工程恢复”是指清理后仍需要采取工程措施才能恢复耕种。对于满足标注条件未进行恢复属性标注以及标注的恢复属性与实地现状不符的图斑，省级审核判定为不通过。

（2）耕地细化类型检查。耕地图斑细化类型检查主要包括河道耕地、湖区耕地、林区耕地、牧区耕地、沙荒耕地和石漠化耕地。具体检查需要根据影像及举证照片，综合判断耕地细化调查图斑的分布和位置，检查细化标注类型的正确性。与实地现状不符的图斑，省级审核判定为不通过。

(3)耕地类型检查。耕地类型包括平地、坡地和梯田。对地方举证为坡地的图斑，结合影像和举证照片进行内业审核，符合缓坡特征的图斑，审核通过；有明显阶梯式田坎特征的图斑，审核不通过。

(4)临时用地、拆除未尽图斑审核。若地方主管调查部门上报地类为临时用地，实地照片与上报类型一致，省级审核判定为通过；若地方主管调查部门上报为建设用地，实地照片明显符合临时用地特征，省级审核判定为不通过，可建议更改为临时用地。若地方主管调查部门上报地类为拆除未尽图斑，实地照片与上报类型一致，省级审核判定为通过；若地方主管调查部门上报为建设用地，实地照片明显符合拆除特征，省级审核判定为不通过，可建议更改为拆除未尽图斑。

(5)军事用地审核。对国家影像明显反映是建构筑物，地方主管调查部门上报地类为军事用地(205)的图斑，省级审核判定为通过；对国家影像反映明显是农用地，地方主管调查部门上报地类为军事用地的图斑(205)，省级审核判定为不通过。若地方主管调查部门按影像的二级地类上报，审核判定为通过；若地方主管调查部门上报地类与影像不符，省级审核判定为不通过。对国家影像反映为硬化、动土类，地方主管调查部门上报地类为军事用地(205)或推土区的图斑，省级审核判定为通过。

4)图斑边界审核

对图斑边界明显与基础影像不符，地方未进行边界调整的图斑，审核判定为不通过；对地方主管调查部门上报的图斑边界调整进行内业审核，结合影像和举证照片综合判断，图斑边界基础影像或实地照片明显符合的图斑，审核判定为通过；对图斑边界与基础影像或实地照片明显不符的图斑，审核判定为不通过；对内业通过影像及举证照片，无法确认具体边界的图斑，审核判定为通过，列入疑问图斑，外业重点抽样检查。

**3. 初审结果抽查**

初审结果抽查是指初审完成后，对所有大类进行抽样复核检查，并对重点地类进行重点抽样复核检查。

(1)耕地类(除特殊情况外，包括地方主管调查部门上报为耕地、地方主管调查部门上报为耕地内部二级类调整的图斑)。在每个分包(200 个图斑，下同)中随机抽取 20 个图斑进行复核检查。当分包中新增耕地(包含耕地内部二级类调整，下同)图斑数量小于等于 10 个时，抽取全部新增耕地图斑与其他类型耕地图斑共 20 个进行复核检查；当分包中新增耕地图斑数量大于 10 个时，随机抽取 10 个新增耕地图斑和 10 个其他类型耕地图斑进行复核检查。

(2)种植园用地、林地、草地类(除特殊情况外，包括地方主管调查部门上报为种植园用地、林地、草地的图斑)。在每个分包中随机抽取 10 个图斑进行复核检查。

(3)城镇村及工矿用地、交通运输用地、水域及水利设施用地(包括地方主管调查部门上报为城镇村及工矿用地、交通运输用地、水域及水利设施用地的图斑)。在每个分包中随机抽取20个图斑进行复核检查。当分包中新增建设用地图斑数量小于等于10个时,抽取全部新增建设用地图斑与其他类型建设用地图斑共20个进行复核检查;当分包中新增建设用地图斑数量大于10个时,随机抽取10个新增建设用地图斑和10个其他类型建设用地图斑进行复核检查。

(4)其他土地和临时用地、光伏板区、拆除未尽区、推土区等单独图层管理类(包括地方主管调查部门上报为盐碱地、沙地、裸土地、裸岩石砾地、空闲地、设施农用地、临时用地、光伏板区、拆除未尽区、推土区的图斑)。在每个分包中随机抽取40个图斑进行复核检查(需要覆盖分包中的所有类型)。其中,在盐碱地、沙地、裸土地、裸岩石砾地的每个分包中抽取1个图斑,在空闲地、设施农用地、临时用地、光伏板区、拆除未尽区、推土区的每个分包中抽取6个图斑,如某种类型图斑在该分包中不存在,则随机抽取其他类型图斑进行补充,确保满足40个图斑的数量要求。

(5)湿地及特殊情况(包括湿地、原数据库农用地在初始库中是未利用地的图斑(简称"农变未"),地方主管调查部门上报标识为实地无法到达的图斑,地方主管调查部门上报标识为军事用地的图斑)。在每个分包中随机抽取40个图斑进行复核检查。当分包中农变未图斑数量小于等于20个时,抽取全部农变未图斑与其他类型特殊图斑共40个进行复核检查;当分包中农变未图斑数量大于20个时,随机抽取20个农变未图斑和20个其他类型特殊图斑(需要覆盖数据中的所有类型)进行复核检查。如分包的总图斑数量小于抽样要求的图斑数量,应对整个分包进行复核检查。

**4. 质量控制与评价**

省级内业审核工作实行全过程质量控制,作业人员必须对作业过程中的每一个环节严格按照省厅规定要求进行自查、互查,严防出现错漏情况。

审核成果在下发地方主管调查部门之前必须经过多环节质量复核。首先是审核小组一级检查,在小组间完成,主要对人工审核的每个图斑开展图斑地类、标注属性、边界调整的合理性进行复核。其次是复核小组开展二级检查,重点检查设施农用地、临时用地、光伏板区、拆除未尽区、推土区、新增耕地(含耕地内部变化)、新增建设用地、农用地调查为未利用地等。最后是省级抽查,只有抽查合格后方可下发地方主管调查部门使用。

检查任务完成后,系统对检查结果进行正确率统计。若自动检查图斑的人工抽样的差错率小于10%、人工逐图斑审核的差错率小于10%,则判定为检查通过;若差错率大于等于10%,则判定为检查不通过,需要将该县图斑全部返工,并再次进行检查。若未举证图斑抽样检查差错率大于1%,地方外业调查举证成果判定为不合格。

### (二)初始调查复核整改举证结果省级审核

在复核整改举证结果的省级审核阶段,我们围绕"三调"实施方案,制定复核整改举证结果省级审核流程、检查内容、检查方法等内容。省级审核部门对各县(市、区)上报的调查成果按照统一标准进行检查,对外业调查举证图斑边界及属性与遥感影像和举证照片的一致性开展省级内业审核，对地类变化图斑、城镇村庄内部土地利用现状调查图斑分阶段开展内、外业抽查。

外业调查举证成果省级内业审核内容主要包括：①对全省各县（市、区）上报的外业调查举证成果开展省级内业审核工作，采取计算机自动比对、随机抽样检查和逐图斑人机交互检查等方式开展图斑地类、边界、属性与遥感影像和举证照片的一致性检查工作；②重点检查耕地内部二级类变化图斑、新增耕地图斑、新增建设用地图斑、新增设施农用地图斑、农用地调查为未利用地图斑；③检查耕地、种植园用地和草地等图斑细化类型代码的正确性，检查耕地种植属性代码正确性（外业调查仅调查耕种、未耕种、休耕），检查耕地类型的正确性（平地、坡地、梯田）；④检查临时用地、光伏板区、拆除未尽区和推土区图层的正确性。

同时，我们充分运用遥感（RS）、地理信息系统（GIS）、全球导航卫星定位系统（GNSS）等技术手段，采用抽样检查和全面检查相结合、计算机自动比对与人机交互检查相结合的技术方法，检查"三调""2 上"数据成果建设阶段成果数据、图件和实地的一致性。与"1 上"有所区别，"2 上"外业举证成果省级审核的抽查环节由广东省技术队成立的抽查组共同完成，共同确保调查成果的真实性、准确性。抽查工作将对每个初审人员审核的每一种图斑类型进行质量评价，单个类型的认可率必须高于 90%。当初审人员审核的一种图斑类型认可率低于 90%时，该初审人员应对该组中所有该类型分包数据进行统一返工处理，处理完成后再次提交抽查，直至该初审人员审核的该种图斑类型结果符合成果质量要求。

### （三）统一时点举证结果省级审核

"三调"统一时点更新的主要任务是：按照国家统一标准，在全省范围内利用卫星遥感、互联网、云计算等技术，统筹利用现有资料，以最新的正射影像图为基础，提取地类变化信息，开展实地调查举证，全面掌握"三调"初始时点和统一时点间每一块变化土地的地类、范围、权属和面积等实际情况，更新"三调"数据库。

省三调办负责组织做好本区域"三调"统一时点更新成果的核查把关，分阶段对县级统一时点更新数据库成果进行全面检查。具体做法：利用国家下发的数据库质检软件控制县级数据库质量；利用省级统一时点数据库检查系统，采用计算机自动检查和人工比对相结合的方法对地方主管调查部门提交的县级统一时点数据库成果进行全面检查；通过数据预处理手段，将变化图斑与专题数据、省级提取变化信息点进行套合检查，并分为"国家遥感监测图斑""地类不一致图斑""国家内业核查图斑""'互联网＋'在线核查错误图斑""'2 上'遗留问题图斑""专项数据图斑""承诺举证图斑"等类型，将不同类型的图斑打包生成任务包后，分发给核查人员以便于他们开展人工逐图斑核查工作；最后经内部抽检复核后，将错误图斑和遗漏图斑反馈给地方主管调查部门进行整改。

在"三调"统一时点更新地方变化图斑提取方面，县三调办自主负责统一时点更新地类变化图斑提取工作，并确保变化图斑提取结果的全面性和准确性。各县三调办组织作业单位通过比对"2 上"数据库与"三调"统一时点更新正射影像图，对本辖区内发生变化的图斑开展全面提取工作，同时参考省级主管调查部门下发的各类土地疑似发生变化的信息点数据进行查漏补缺，形成完整的地类变化图斑成果上报省三调办。省三调办对地方主管调查部门上报的变化图斑提取成果进行逐图斑审核，重点检查地方主管调查部门自主提取的变化图斑是否属实、全面，图斑边界勾绘是否准确以及图斑地类预判是否合理等情形，并将审核发现的漏提、错提图斑反馈地方，各地应对错误图斑进行认真核实与修改，并将整改成果上报省三调办复核。省三调办复核通过后将变化图斑提取结果正式下发地方，并同步进行脱密上线，各地通过省级外业调查及举证系统领取任务并及时开展外业实地调查及举证工作。

### (四)统一时点复核整改举证结果省级审核

根据《国务院第三次全国国土调查领导小组办公室关于做好统一时点更新调查国家级核查发现的疑问图斑整改的通知》及省级工作安排，全省各县(市、区)依托系统开展调查成果复核工作，对于全国三调办下发的相关公路网数据、河湖岸线和最高水位线数据、湿地比对数据、耕地坡度比对数据等进行核实，整改内容为逐图斑开展举证照片、地类、属性、边界的真实性和准确性的内业审核工作。复核成果以县(区)为单位上报，包括数据库成果、表格数据和举证数据包。数据库成果为质检通过的省级用户数据报协议(user datagram protocol，UPD)；表格数据为问题图斑核实记录表(所有问题图斑合并在一张表内，标识码为国家反馈的问题图斑标识码，在情况说明部分主要说明未修改原因等)；举证数据包中，举证数据库包括统一时点所有举证图斑，并将它们放置在统一时点举证(TYSDJZ)属性表中。

统一时点上报的增量包，以通过国家数据库质量检查的初始数据库为基础。在统一时点阶段有界线调整的县(区)，以通过国家质量检查的界线调整后的初始数据库为基础提取增量包。上报国家的增量包应通过国家统一下发的调查数据库质检软件检查(检查 3 次)，确保各类图斑变化前后属性、面积与空间关系等关键信息衔接正确，保证变化图斑的完整性与逻辑规范性。

## 四、外业调查举证成果省级外业抽查

### (一)抽查内容

被抽查对象为所有县级调查单位。抽查内容主要包括地方已举证图斑、一般核查图斑和城镇村内部地类图斑。其中，已举证图斑抽查内容为内业无法核实的图斑以及重点地类变化图斑，抽样数量为 175 个(若已举证图斑抽样数不足 175 个，则差值纳入一般核查图斑，确保上述两类抽查对象总数为 190 个)；一般核查图斑抽查内容为林业不一致图斑以及内业判读影像模糊等图斑，抽样数量为 15 个；城镇村内部地类图斑由省级抽查人员在现场针对作业队伍现有作业成果进行随机抽取，抽样数量为 10 个。

原则上各县(市、区)抽查图斑总数为 200 个(若该县初始库总图斑量大于 10 万个，则抽查图斑总数增加到 250 个)。省级抽查工作采用内外业结合的方式开展，重点核实图斑地类、图斑边界准确性，其中外业需要实地核实的图斑不少于 75 个。

### (二)抽查人员

抽查工作由省三调办统一组织,抽查队伍共 50 组,2 人为一组,共计 100 人。省级抽查人员由省三调办选派相关人员以及各驻点联络员共同组成。

### (三)抽查流程

(1)数据准备。由广东省土地调查测绘院准备好外业抽查数据,包括外业抽查软件、影像、图斑数据、参考数据、外业抽查图斑信息表、县级外业调查成果质量评价表。影像模糊的、边远的、无法到达的图斑,须由人工判定并挑选。

(2)技术培训。培训内容主要包括外业软件操作、工作流程及注意事项。

(3)内业核实。对照影像及地方举证照片,核实图斑地类及边界。

(4)外业核查。根据上述流程开展外业核查,做好外业记录。

(5)整理成果。将外业核查成果与截至 5 月 20 日地方主管调查部门上报的成果进行对比,修正外业结论,同时修正省级终审结论。电子版数据留存广东省土地调查测绘院,纸质版数据签名后留存调查处。将所有外业错误图斑反馈给地方主管调查部门,要求他们重新举证上报。

(6)成果评价。将重点核查图斑和一般核查图斑分开评价。若调查成果差错率大于 10%,数据成果判定为不合格,责令地方返工;若调查成果差错率小于或等于 10%,数据成果判定为合格,责令将错误图斑返回地方整改。

## 五、国土调查数据库成果省级核查

### (一)初始调查阶段数据库成果检查

县级国土调查数据库的审核主要是按照《广东省第三次全国土地调查工作实施方案》的基本要求,充分运用遥感(RS)、地理信息系统(GIS)、全球导航卫星定位系统(GNSS)等技术手段,采用抽样检查和全面检查相结合、计算机自动比对与人机交互检查相结合的技术方法,检查广东省第三次国土调查数据成果建设阶段成果数据、图件和实地的一致性。

**1. 初始调查阶段主要工作节点**

针对“三调”工作初始调查阶段数据库建库工作,地方主管调查部门统一采用“三调”县级数据库建库软件开展县级建库工作。

(1)初始调查数据库。初始调查数据库(“1 上”数据库)为地方经过第一次全面完成本区域内外业调查工作后建设的数据库成果。

“1 上”整改数据库(“1.5 上”数据库)是省三调办根据全国三调办在检查地方主管调查部门提交的数据库成果过程中发现的普遍问题,组织地方开展查漏(查找漏调图斑)、补缺(补充缺失的标注)、改错(改正错调图斑和地类)和补证(补充举证缺失的相关资料)“回头看”的复核整改工作而形成的数据库成果。

省级主管调查部门对国家下发的数据根据统一底图进行提取后一并下发给地方主管调查部门，地方主管调查部门只需对省级提取图斑进行响应。同时，地方主管调查部门运用省里统一下发的建库软件，根据统一规则和统一标准进行数据建库。县级主管调查部门使用的变更调查的成果要经过省级主管调查部门核查。广东省技术队对开发的“三调”数据库省级检查系统进行审核。国家要求将数据库上报工作延后3个月，进行整改后再上报，因此本次“1上”数据库成果未上报国家，其余“1.5上”“2上”数据库成果均上报国家。流程如图4-4所示。

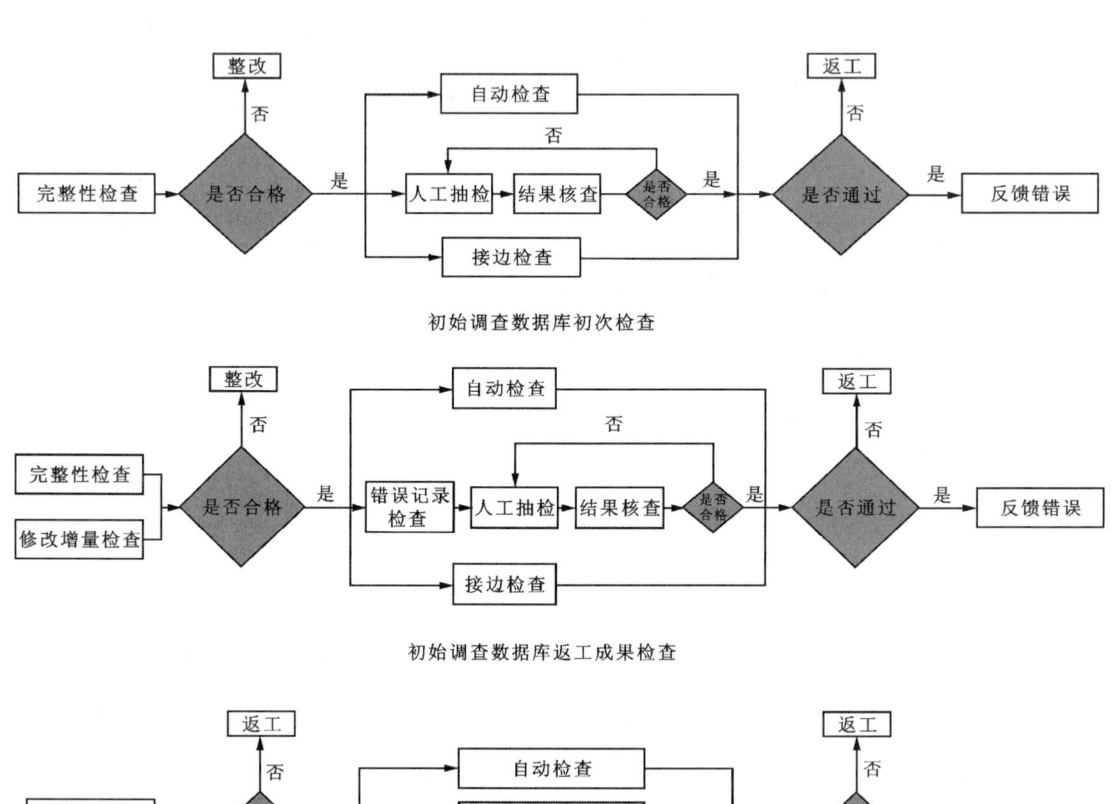


图4-4　初始调查数据库省级检查流程

(2)初始调查复核整改数据库。“2上”数据库为全国三调办针对地方提交的“1.5上”整改数据库，核查后反馈地方主管调查部门核查意见，地方主管调查部门根据国家下发的数据库意见整改数据库。

在本次“三调”数据库成果复核整改工作中，广东省全面核实了城镇村等用地范围内地类打开的正确性，对于城镇村内部地类打开为05～09二级地类之间的错误图斑，影像符合建设用地特征的直接进行地类修改；对于内部打开为农用地和未利用地的图斑，依据影像特征对图斑地类和边界采集精度进行全面复核，确保城镇村内部地类打开的正确性。为了按时保质地完成“2上”数据库成果质量省级检查工作，将作业人员合理分到自动检查复核组、城镇村属性类复核组、独立图层复核组、耕地类复核组、剩余图斑复核组5个正式任务检查组和1个初检组里，充分发挥组员的主动性和能动性。每组选出熟悉检查规则的人担任组长。同时调整座次表，保证同组同排，增进组员间的交流，提高检查效率。检查过程中进行现场技术指导，发现问题及时整改，遇到疑难问题时集体讨论或是请示总技术指导，确保检查标准统一，不出现审核偏差。按检查流程开展检查工作，数据由组员检查后，交组长复核提交，保证成果的统一性、规范性、一致性。执行当天任务必须当天清的规定，防止检查任务推挤影响进度。同时建立“三调”过程中“2上”成果省级核查组微信群，让检查人员及时了解每天检查进展情况、检查中存在的问题及检查技术要求，使各方的信息得到及时沟通和交流，以保进度、保质量为重点，稳步推进检查工作有序开展。

此外，广东省还全面核实城镇村属性码填写的正确性。由于城镇村等用地范围内不允许存在空洞，在其内部所有地类图斑上均应填写相应的城镇村属性码，且不填写城镇村庄范围外的图斑（包括铁路、公路、港口码头、水工建筑等用地），同时保证省级检查软件同步优化检查规则，地方主管调查部门上报成果时按要求做好整改工作。广东省还对“1上”数据库成果中所有图斑边界矢量化精度进行全面检查，特别是水域、道路、建设等用地图斑边界；重点对村级调查区界线采集精度和合理性进行检查，修正村级调查区界线自身存在的问题；对于村级调查区界线明显不合理的图斑，地方依据实际情况进行调整（调整后界线需要与《权属核定书》描述基本一致），要求不得出现村级调查区界线切割影像完整地物的情况。

(3)全量数据库。全量数据库（“2.5上”数据库）是在“2上”数据库成果通过全国三调办检查后，省三调办针对数据库中的权属信息、不规则图斑、耕地类型等属性信息，组织地方主管调查部门进行全面整改而建设的数据库。

“2.5上”数据库为省级部门自行组织针对权属、图斑边界和耕地类型进行整改的数据库，并以此作为统一时点更新数据库的基础。全量数据库在经过省级检查后成为全量整改数据库，是依据最新的调查界线数据、坡度图数据对数据库成果进行整改而建设的数据库。本次全量数据库省级检查工作不涉及外业调查环节。

**2.初始调查阶段数据库成果检查方案**

1)目标库的生成

目标库的生成是指根据初始库成果、外业调查数据（包括光伏板区、推土区、临时用地及拆除未尽区单独图层数据）、行政区域界线数据、省级用地部门确认的临时用地备案范围进行空间数据预处理，生成“三调”成果目标数据库（简称“目标库”）。目标库作为地方主管调查部门上报成果的一项检查依据，辅助质检系统进行数据检查。检查过程中，边界调整等因素导致目标库发生变化，该县检查任务失效，重新执行所有检查环节。

目标库地类图斑层(DLTB)的生成流程为：以县级初始库为基准图层，审核通过的外业调查数据作为变更图斑，替换初始库相应图斑，生成符合检查要求的地类图斑层；在临时用地、光伏板区、推土区、拆除未尽区通过提取外业调查数据中的相应图斑，生成目标库单独图层，并按照国家要求，提取2016年变更数据库图斑信息，对目标库地类图斑层图斑信息进行更新；省级用地部门确认的临时用地备案范围作为独立图层单独放置；行政区、行政区域界线、村级调查区、村级调查区界线图层通过省级行政区域界线数据提取，生成目标库单独图层。

2)质量检查流程

我们根据地方报送的“三调”成果内容以及国土调查业务需求，将成果检查划分为6个检查环节，包括自动规则复核，城镇村等用地上图检查，城镇村打开地类检查，耕地种植属性、可调整地类检查，图斑边界调整检查和村级调查界线上图检查。本方案根据上述6个检查环节，设计检查流程，具体流程见图4-5。

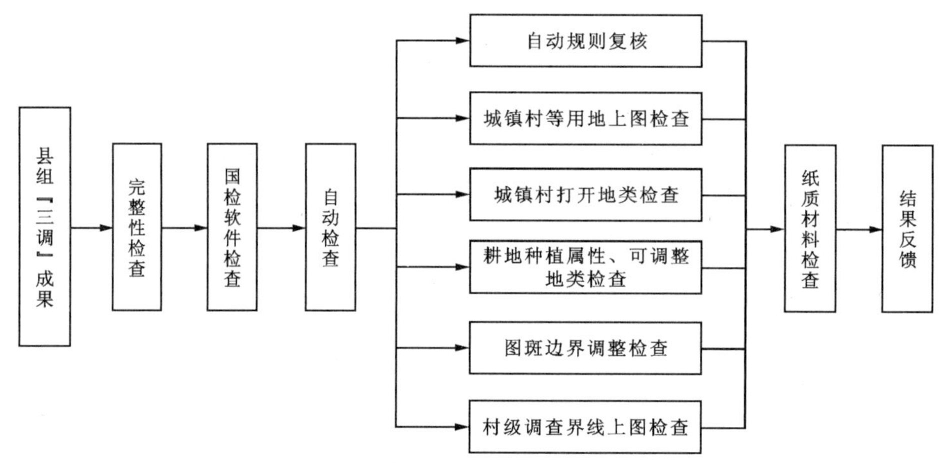


图4-5 “三调”成果检查流程

根据每次“三调”成果提交状态不同，将6个检查环节分为初次检查流程、不合格检查流程、合格检查流程。

3)质量检查内容

我们依据成果检查软件检查流程，制定检查流程中各个环节检查内容及检查规则。

(1)完整性检查。完整性检查在服务器上进行，执行内容有标识检查、数据入库、VCT解译等。

(2)自动全检。自动全检是指对县级“三调”成果进行基本逻辑性检查，检查内容有空间数据基本检查、属性数据标准符合性检查两类。

(3)自动规则复核。对自动全检结果中需要人工复核的内容进行逐图斑检查。

(4)城镇村等用地上图检查。对城镇村等用地图层属性及边界进行检查。

(5)城镇村打开地类检查。对成果库地类图斑层位于城镇村范围内的图斑进行检查，检查方式采用逐屏目视检查。同时，参考遥感影像，检查图斑地类属性是否正确，图斑边界是否准确。在城镇村打开地类检查中优先使用高分影像，检查图斑边界是否正确，影像纹理特征明显的地物图斑地类属性是否填写正确。

(6)耕地种植属性、可调整地类检查。对标注种植属性的图斑和可调整地类图斑进行检查。

(7)图斑边界调整检查。以成果库地类图斑层、路面范围图层、推土区图层、拆除未尽区图层、光伏板区图层为对象，检查存在边界调整的图斑边界是否合理。

(8)村级调查界线上图检查。以成果库村级调查区图层为对象，与目标库村级调查区进行比对，执行自动检查、人工复核及抽样检查，检查村级调查区是否正确。

(9)纸质材料复核。在系统自动检查及人机交互检查任务执行结束且符合检查要求后，执行纸质材料复核任务，对县级“三调”成果中的纸质材料进行复核。

(10)结果反馈。在系统执行环节检查任务结束后，对检查意见进行整理，记录数据评定意见(是否通过检查)，并进行检查结果反馈。

县级“三调”成果检查要求:零差错。成果检查流程中所有检查项零差错，认定为通过产品，由系统整理数据组织目录格式，上报国家进行检查。

### (二)统一时点更新阶段数据库成果检查

广东省围绕《广东省第三次全国国土调查统一时点更新暨2019年度土地变更调查实施方案》，制定“三调”统一时点更新成果检查流程、检查内容、检查方法等。同时，充分运用遥感(RS)、地理信息系统(GIS)、全球导航卫星定位系统(GNSS)等技术手段，在全面检查的基础上，利用计算机自动比对与人机交互检查相结合的技术方法，检查广东省“三调”统一时点更新数据成果建设阶段成果数据、图件和实地的一致性。

#### 1. 统一时点更新阶段主要工作节点

1)统一时点更新数据库

统一时点更新数据库是指地方主管调查部门根据国家和省相关部门依据两期影像提取的变化图斑和地方相关部门补充的变化图斑，开展外业调查工作，将“三调”成果反映的国土空间利用状况更新到2019年12月31日统一时点上的数据库。

“三调”统一时点县级成果检查所需外部数据包括各市、县(区)“三调”初始调查数据库成果(“2.5上”数据库成果)、“2上”数据库成果、2016年变更调查数据库、“三调”统一时点更新外业调查成果、行政区域界线等。根据地方主管调查部门报送的“三调”统一时点更新成果内容以及国土调查业务需求，成果检查划分为以下检查环节，包括自动规则复核、外业终审意见上图检查、行政区域界线变化检查、城镇村等用地检查、不规则图形检查、坐落权属检查、异常流量检查以及耕地、种植属性、可调整检查和新增地检查等。流程如图4-6所示。

省三调办负责组织做好本区域“三调”统一时点更新成果的核查把关工作，分阶段对县级统一时点更新数据库成果进行全面检查。利用国家下发的数据库质检软件控制县级数据库质量，利用省级统一时点数据库检查系统，采用计算机自动检查和人工比对相结合的方法对地方提交的县级统一时点数据库成果进行全面检查。

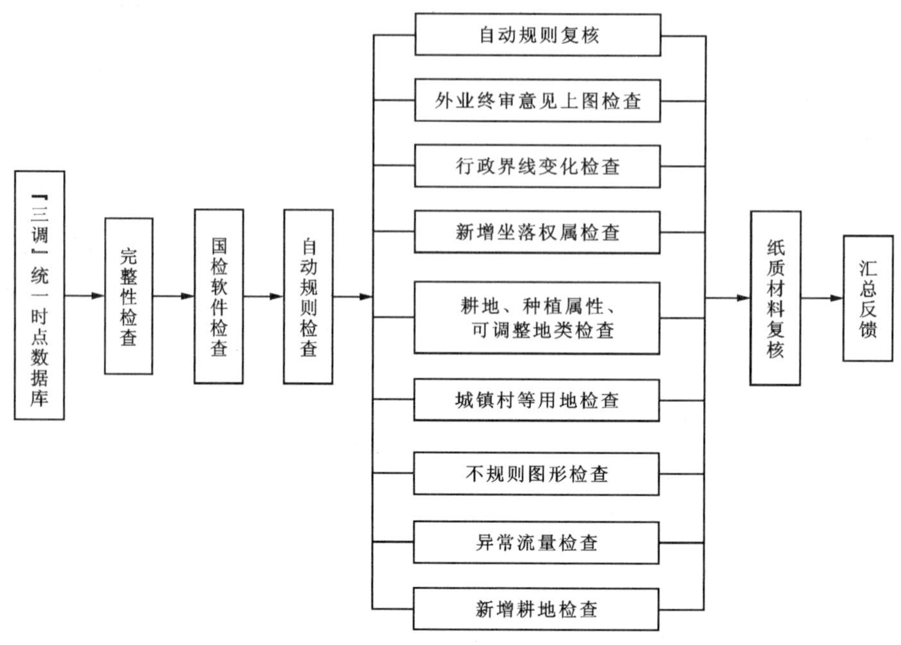


图 4-6　统一时点数据库成果省级审核流程

a. 基本检查

(1)数学基础检查。依据"三调"数据库标准中有关数学基础的参数,检查内容为:平面坐标系统是否采用国家 2000 大地坐标系,高程系统是否采用 1985 国家高程基准,投影方式是否采用高斯-克吕格投影,分带是否符合相关标准的要求。

(2)图层名称规范性检查。对"三调"数据库进行结构性检查,检查内容为:图层名称是否符合《国土调查数据库标准(试行修订稿)》中空间数据图层及命名规则的要求,数据各图层名称、几何特征及属性表名是否符合标准规范。

b. 矢量数据值符合性检查

矢量数据值符合性检查内容为必填项、唯一性、字典值、值域范围。

(1)必填项检查。根据数据库设计,空间图层上有一些字段是必须填写的,不能留空值。通过灵活配置模板,可实现非空字段的检查,并提示有空值的空间图层。

(2)唯一性检查。在数据库设计中,空间图层关键字字段具有唯一性,通过此字段能唯一标识整条信息。通过灵活配置模板,可实现唯一性字段的检查,并提示有重复值的空间图层。

(3)字典值检查。在数据库设计中,空间图层许多字段具有标准内容,标准内容通过一组键值对(即数据字典)约束,值域必须是其中的一个或多个。通过灵活配置模板,可实现唯字典项字段的检查,并提示有非字典数值错误的空间图层。

(4)值域范围检查。值域范围检查主要针对数值型和日期型字段,对数值型的上下域进行检查,对日期型字段的格式及内容进行检查。通过灵活配置模板,实现数值型和日期型字段的检查,并提示有数值超范围错误的空间图层。

c.矢量数据图形检查

矢量数据图形检查的项目，包括拓扑检查、城乡数据衔接检查、多部件检查、线层内拓扑关系检查、面层内拓扑关系检查、线面拓扑关系检查、碎片多边形检查。

(1)拓扑检查。检查矢量数据中宗地(ZD)层要素的边界是否被地类图斑(DLTB)层要素边界覆盖、城镇村等用地(CZCFW)层要素的边界是否被地类图斑(DLTB)层要素边界覆盖、城镇村等用地(CZCFW)层单个要素是否被行政区(XZQ)层单个要素覆盖。

(2)城乡数据衔接检查。检查矢量数据中城镇村土地利用图斑和农村土地利用图斑接边是否自然，是否遵循“低精度服从高精度”原则；城镇村内部和外部道路、河流相连时，地类是否表现完整，地类编码属性是否一致，图形上是否进行了分割。

(3)多部件检查。检查矢量数据库中行政区(XZQ)层、地类图斑(DLTB)层等面图层是否存在多部件要素。

(4)线层内拓扑关系检查。具体检查内容：国土调查电子成果数据中所有线图层内的要素是否重叠或自重叠、相交或自相交。

(5)面层内拓扑关系检查。具体检查内容：“三调”电子成果数据中所有面图层内的要素是否自相交、是否重叠、是否合并。

(6)线面拓扑关系检查。具体检查内容：“三调”电子成果数据中行政区域界线层要素是否与行政区域面层要素边界重合，以及除境界与行政区域以外的图层要素是否超出行政区域范围(飞地除外)。

(7)碎片多边形检查。具体检查内容：“三调”电子成果数据中所有面层是否存在比图上面积小于 $2mm^2$ 的碎片多边形。若存在这样的碎片多边形，软件将会报错。图上碎片多边形的大小设置为 $2mm^2$，数据库中图层实际图斑大小应与数据库比例尺具有一定的对应关系，不同比例尺下碎片多边形大小不同。比例尺由用户自选。

d.逻辑一致性检查

(1)图层内属性一致性检查。依据第三次国土调查数据库标准要求，检查图层内属性信息逻辑一致性。

(2)图层间属性一致性检查。检查地类图斑与城镇村等用地、地类图斑与永久基本农田、地类图斑与临时用地等图层间的逻辑一致性，利用质检软件自动完成检查。

e.图形拓扑一致性检查

(1)重叠检查。利用拓扑检查功能，检查图层本身是否有重叠。

(2)碎小面积检查。利用拓扑检查功能，检查图层各地类面积小于最小上图面积的地块。

(3)两层拓扑检查。利用拓扑检查功能，检查行政区层与地类图斑层拓扑一致性，即是否有相邻、相交、套合关系。

2)全量整改数据库

全量整改数据库(全量数据库3.0)是在统一时点更新数据库成果库基础上，依据最新的调查界线数据、坡度图数据对数据库成果进行整改建设的数据库。3.0整改内容包括：调查界线的调整、坡度图赋值、恢复属性的标注3个方面。

全量整改数据库省级检查(全量数据库3.0)是指在全量数据库成果库基础上,依据最新的调查界线数据、坡度图数据对数据库成果进行整改建设。该阶段的质量控制体现在规范了"三调"统一时点更新数据库的基础数据库,按照要求对基础数据库进行整改。主要检查内容包括数据的完整性、有效性和规范性,自动规则复核,行政区域界线变化检查,新增坐落权属检查,城镇村等用地检查,不规则图形检查和异常流量检查。

3)统一时点复核整改数据库

统一时点复核整改数据库是全国三调办对地方主管调查部门提交的统一时点更新数据库成果进行核查,反馈地方核查意见,地方主管调查部门根据下发意见进行核查整改而建设的数据库。

在进行统一时点数据库成果国家级内外业核查结果整改时,广东省严格按照国家调查规程、实施方案等相关要求进行整改,让每种类型、每个图斑的整改做到有理有据,确保了对国家反馈的所有问题图斑全部做出响应,系统性开展整改,无任何图斑遗漏,对于不属于国家下发的问题图斑,一律不改动。对其他问题图斑,根据错误类型和错误原因,广东省采取内业处理和外业补充举证相结合的方法,分类进行整改,例如针对一、二类错误全部按国家要求全面整改到位,对于举证图斑做到应举尽举,对确属国家误判的图斑做出谨慎申诉说明。

**2.统一时点更新调查阶段数据库成果检查方案**

1)检查流程

根据地方主管调查部门报送的"三调"统一时点更新成果内容以及国土调查业务需求,将成果检查划分为以下检查环节,包括自动规则复核、外业终审意见上图检查、行政区域界线变化检查、城镇村等用地检查、不规则图形检查、坐落权属检查、异常流量检查以及耕地、种植属性、可调整地类检查等。该方案根据上述8个检查环节,设计检查流程。

(1)完整性检查。按照"三调"统一时点县级数据库成果标准格式要求,检查数据的完整性、有效性和规范性。

(2)国检软件检查。省级数据库成果检查系统根据国家提供的软件接口,调用国家县级数据库质量检查软件,将检查结果记录并显在本系统中。

(3)自动全检。对通过完整性检查的数据进行数据库预处理,采用计算机自动比对方式,对成果库进行自动检查。

(4)人工复核环节检查。在初次检查流程中,系统在执行完成自动规则后,对自动全检结果中人工复核部分、外业终审意见上图等主要环节进行逐图斑复核,并将检查结果记录在系统中。

在再次检查流程中,系统在执行完成自动规则复核后,基于继承功能,让图形和属性没有发生任何变化的图斑继承上次检查结果;将其中位于疑问清单中核查结论为"不通过"的图斑,纳入人工核查环节。

当系统自动检查及人机交互检查任务执行结束且符合检查要求时,执行纸质材料复核任务，对县级“三调”成果中的纸质材料进行复核。

(5)汇总反馈。系统执行环节检查任务结束后，对检查意见进行整理，记录数据评定意见，并进行检查结果反馈。

(6)数据整理。

(a)单机版数据整理。县级成果库建库完成且通过系统检查后，系统根据成果报送要求组织网络版完整性检查所需的成果目录。

(b)网络版数据整理。县级成果库通过系统检查后，系统根据国家要求整理组织成果目录，并将目录整理成符合国家数据库要求的成果，统一上交至国家。

(7)流程跳转。系统根据检查任务执行状态，进行逻辑判断，跳过部分检查环节。详细内容如下。

(a)检查流程中并行环节相互独立，互不影响，检查进度不受其他环节干预。

(b)若预处理中相关图层发生变化，则该县所有检查任务终止，重新执行。

(c)若自动全检存在错误，则停止检查任务，进行结果反馈。

(8)版本控制。系统对成果库与数据预处理情况进行记录，确保数据版本的一致性和唯一性。

(9)继承功能。在再次检查流程中，系统在执行自动检查后，让图形和属性均未发生变化且不在疑问清单的图斑，自动继承上次审核结论。

(10)疑问清单。对检查结果有疑问的图斑，再次送检时，通过疑问清单的形式进行人工检查。

2)检查内容

我们依据成果检查软件检查流程，制定检查流程中各个环节的检查内容及检查规则。

a. 完整性检查

完整性检查在服务器上进行，执行内容有标识检查、有效性检查、数据入库等。

(1)标识检查。系统对县级“三调”统一时点更新成果中的省级标识进行检查，若存在错误，则停止检查，进行结果反馈。

(2)有效性检查。检查县级“三调”统一时点更新成果组织目录是否完整，是否存在文件缺失情况，并检查各文件是否能够正常读写，文件大小是否在限定范围内。

(3)数据入库。组织整理县级“三调”统一时点更新成果，备份数据至服务器。

b. 自动全检

对通过完整性检查的数据进行目标库合成数据库预处理，采用计算机自动比对方式，对成果库进行自动检查。

c. 自动规则复核

自动规则复核是指对自动全检结果中需要人工复核的内容进行逐图斑检查，检查内容如下。

(1)地类一致性检查。对成果库地类图斑层、推土区层、拆除未尽区层、光伏板区图层图斑边界调整过大的图斑，逐图斑检查属性是否正确。

(2)种植属性检查。将数据库地类图斑层图斑与“耕地与可调整地类图层”中的耕地图层进行比对,检查图斑种植属性是否正确。

d.外业终审意见上图检查

检查内容为:依据外业调查成果对统一时点更新数据库地类图斑属性及边界的变更情况进行检查,将外业调查成果中的图斑与数据库地类图斑进行比对,检查变更地类的属性及边界的正确性。

e.行政区域界线变化检查

检查内容为:依据系统中的行政区域界线的图形及属性查看更新层中行政区域界线的变动情况是否合理。

f.新增坐落权属检查

检查内容为:提取成果库中新增的村级调查区中的坐落单位名称、成果库中疑似错误的权属单位名称、权属单位性质并进行人工复核。

(1)新增坐落单位名称检查。检查成果库中相对于初始数据库新增的坐落单位名称是否符合规范。

(2)新增权属单位名称检查。检查成果库中相对于初始数据库新增的权属单位是否符合规范。

(3)权属单位名称与权属性质对应关系检查。依据县级成果库中的权属性质证明材料,检查成果库中权属单位名称与权属性对应关系疑似错误的记录。

g.耕地、种植属性、可调整地类检查

由于成果库中地类图斑层是检查对象,应对耕地类图斑进行检查。

(1)撂荒耕地漏上图检查是指检查外业实地为荒草地图斑在存量耕地范围内,是否未按撂荒耕地上图。

(2)撂荒耕地上图范围正确性检查。检查撂荒耕地上图范围是否超出存量耕地范围。

(3)耕地类型变化检查。检查相对于初始数据库,耕地类型从梯田变更为坡地的图斑,以及耕地类型变更是否符合影像纹理。

h.城镇村等用地检查

检查内容:对城镇村等用地图层属性及边界以及标准城镇村属性码的地类图斑进行检查。主要规则如下。

(1)新增城镇村范围检查。检查城镇村等用地图层中相对于初始调查数据库的新增部分是否合理。

(2)城镇村属性码变更情况检查。检查城镇村等用地图层中相对于初始调查数据库中的城镇村等用地范围未发生变化图斑属性码,判断其城镇村属性码变更情况是否合理。

(3)独立非建设用地检查。检查成果库地类图斑层是否存在独立的非建设用地、0810标注20属性。

(4)道路用地地类变化情况检查。检查成果库中农村道路和公路变更为城镇村道路的图斑的变更正确性。

i. 不规则图形检查

针对成果库中疑似狭长图斑，进行逐图斑人工复核，具体如下。

（1）地类图斑更新层狭长图斑检查。提取 DLTBGX 层中疑似狭长的图斑，逐图斑人工判定是否为整体狭长状图斑或部分狭长状图斑。

（2）单独图层狭长图斑检查。提取 LSYDGX 层等单独图层中疑似狭长的图斑，逐图斑人工判定是否为整体狭长状图斑或部分狭长状图斑。

j. 异常流量检查

检查成果库中权属性质从国有用地变更为集体用地、农用地变更为未利用地的图斑的变更合理性。

（1）国有用地变更为集体用地检查。依据权属性质变更材料检查初始调查为国有用地，数据库现为集体用地的图斑。

（2）农用地变更为未利用地检查。依据农用地变更为未利用地材料检查初始调查为农用地，数据库现为未利用地的图斑。

3）检查结果评定

a. 完整性检查结果评定

完整性检查要求为零差错。当检查结果存在错误时，终止检查任务，检查结果判定为不合格，记录数据提交批次，进行结果反馈。

b. 国检软件检查结果评定

国检软件检查要求为零差错。当检查结果存在错误时，终止检查任务，检查结果为不合格，记录数据提交批次，进行结果反馈。

c. 人工复核环节规则结果评定

广东省人工复核环节规则检查要求为零差错。当检查结果存在错误时，当前环节检查结果判定为不合格；同时，当前批次数据库结果判定为不合格，记录数据提交批次，进行结果反馈。

d. 成果数据结果评定

在成果检查流程中，自动规则复核等环节相互独立，互不影响，环节任务执行结束后，可进行当前环节结果反馈。

县级“三调”统一时点更新成果检查要求为零差错。当成果检查流程中所有检查项为零差错时，成果可认定为合格产品，由系统整理数据组织目录，上报国家进行检查。

## 六、质量保障措施

### （一）统一技术标准和作业规范

全省各级作业统一依据《第三次全国国土调查技术规程》（TD/T1055—2019）和《广东省第三次全国国土调查技术实施细则》提出的相关要求执行，统一调查的技术标准、规范。省级部门负责组织部署，按照国家要求确定调查内容、技术方案、规则标准等，各市、县（区）细化和响应落实，开展具体的实地调查活动。对于作业过程中发现的典型问题，及时形成省内工作规则，下发地方主管调查部门统一执行，进一步保障省、市、县三级作业统一技术标准。

### (二)统一配发数据建库软件

根据“先内后外、省级统筹”的整体部署，针对省级初始库和县(市、区)级成果库的生产建库，由省级主管调查部门统一配发完整的、覆盖作业全流程的、符合标准规范的一体化数据库建库软件，满足省级初始库和县(市、区)级成果库建库过程中的多源异构数据加载、数据结构升级、数据格式转换、要素采集与编辑、数据查询与分析、数据质检、数据整合处理、汇总统计、安全备份与成果输出等各环节信息化、高度自动化的作业要求。

### (三)采用信息化手段进行成果核查

广东省应用数据分布式存储及检索新技术，解决省域国土调查数据多级存储、动态管理和高效应用的难题。基于全省数据量大，难以检索、存储和管理的特点，为解决作业过程中省、市、县海量异构时空数据存储应用、动态管理的问题，通过研发时空数据分布式存储及检索新技术，将空间数据分散存储在集群各个节点的内存中，并构建跨节点的空间索引，避免了基于磁盘I/O的数据存储方式和基于数据块且与空间数据位置关系无关的数据分配方式，消除了分布式集群环境下，多节点间的协调和数据同步的限制对空间数据响应速度造成的严重影响，有效提升了分布式集群环境下的地理信息检索效率，解决了省域国土调查数据多级存储、动态管理和高效应用的难题。

### (四)加强技术培训与指导

广东省的技术培训与指导工作贯穿外业调查举证核查、县级数据建库、数据库省级核查等各个阶段。广东省成立了省级“三调”工作技术指导组，并组织选派专职联络员常驻各市，除了开展多次线下的培训与专场实地面对面指导活动，还灵活利用多媒体如QQ群和微信群等渠道进行网络答疑。多种形式的技术培训与指导，有效保障了技术人员的专业水平，为“三调”工作的顺利开展保驾护航。

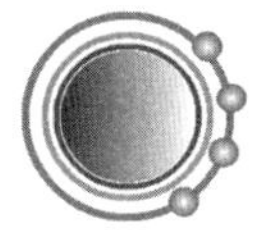

# 第五章 调查成果与应用

## 第一节 成果内容

### 一、“一调”成果内容

广东省“一调”基本查清了全省城乡土地权属、地类面积以及分布情况，形成数据、图件、文字报告等原始资料，并且将这些资料均分类装订成册和填写好资料清单，交由县级土地管理机关归档保存。

#### (一)接边和数据成果

(1)图幅理论面积与控制面积接合图表。
(2)与相邻地(市)双方共同签署确认的文件及图件资料。
(3)地(市)级汇总表。

#### (二)图件成果

(1)标准分幅土地利用现状薄膜黑图。
(2)标准分幅土地利用现状着色图。
(3)土地利用现状彩色挂图。
(4)由土地利用现状挂图派生的土地利用分区图等。
(5)土地详查使用图件和航卫片接合图。
(6)编图中使用的图件资料接合图。

#### (三)文字成果

(1)土地调查报告(工作报告、技术报告)。
(2)土地资源。
(3)县、乡(镇)、村(大队)边界、权属核定书。
(4)县调查报告、乡(镇)调查说明书。

## 二、"二调"成果内容

广东省"二调"全面查清了全省土地利用状况，掌握了真实的土地基础数据，形成了县级、市(地)级、省级汇总成果。

### (一)县级调查成果

#### 1. 外业调查成果

(1)正射影像图、调查底图、农村土地调查记录手簿。

(2)地籍测量、地籍调查原始记录。

(3)土地权属有关成果。

#### 2. 数据成果

(1)农村土地调查数据库及管理系统。

(2)城镇土地调查数据库。

(3)扫描的土地权属成果(TIF 格式)。

#### 3. 图件成果

(1)图幅理论面积与控制面积接合图表。

(2)标准分幅土地利用现状图。

(3)镇级、县级土地利用现状图。

(4)基本农田分布图及耕地坡度分级等专题图。

(5)城镇地籍图和宗地图。

#### 4. 表格成果

(1)农村土地利用现状一级、二级分类面积统计表。

(2)农村土地利用现状一级分类面积按权属性质统计表。

(3)飞入地一级、二级分类面积统计表。

(4)海岛土地利用现状一级、二级分类面积统计表。

(5)耕地坡度分级面积汇总表。

(6)基本农田情况统计表。

(7)城镇土地利用现状一级、二级分类面积统计表。

(8)城镇土地利用现状一级分类面积按权属性质统计表。

(9)第二次土地调查有关情况统计表。

#### 5. 文字成果

(1)第二次土地调查工作报告。

(2)第二次土地调查技术报告。

(3)第二次土地调查数据库建设报告。

(4)第二次土地调查成果分析报告。

(5)基本农田调查报告等专题报告。

(6)其他专题报告。

### (二)市(地)级、省级汇总成果

#### 1. 数据成果

(1)农村土地利用现状一级、二级分类面积汇总表。

(2)农村土地利用现状一级分类面积按权属性质汇总表。

(3)飞入地一级、二级分类面积汇总表。

(4)海岛土地利用现状一级、二级分类面积汇总表。

(5)耕地坡度分级面积汇总表。

(6)基本农田情况汇总表。

(7)田坎系数测算成果。

(8)城镇土地利用现状一级、二级分类面积统计表。

(9)城镇土地利用现状一级分类面积按权属性质统计表。

(10)第二次土地调查有关情况统计表。

#### 2. 图件成果

(1)土地利用挂图。

(2)基本农田分布图。

(3)耕地坡度分级图。

(4)图幅理论面积与控制面积接合图表。

#### 3. 文字成果

(1)第二次土地调查工作报告。

(2)第二次土地调查技术报告。

(3)第二次土地调查数据库建设报告。

(4)第二次土地调查成果分析报告。

(5)基本农田调查报告。

(6)其他专题报告。

#### 4. 数据库成果

数据库成果:集土地调查数据成果、图件成果、文字成果及遥感影像于一体的、运行良好的各级土地调查数据库。

## 三、“三调”成果内容

广东省通过“三调”全面获取覆盖全省的国土利用现状信息,形成一整套国土调查成果资料,包括影像、图形、权属、文字报告等成果。

### (一)数据库成果

(1)各级土地分类面积数据、土地权属信息数据。

(2)城镇村庄土地利用分类面积数据。

(3)耕地坡度分级面积数据。

(4)由耕地细化调查、批准未建设的建设用地、耕地质量等级和耕地分等定级等专项调查数据,最终形成集土地调查数据成果、图件成果和文字成果等内容于一体的各级土地调查数据库、数据库管理系统及共享应用平台。主要包括各级土地利用数据库、土地权属数据库、多源多分辨率遥感影像数据库、各项专项数据库、第三次全国国土调查数据库管理系统及共享应用平台等。

### (二)图件成果

(1)各级土地利用现状图件、土地权属界线图件。

(2)城镇村庄土地利用现状图件。

(3)第三次全国国土调查图集及专项调查的专题图件等。

### (三)文字成果

(1)第三次全国国土调查工作报告、技术报告、成果分析报告。

(2)各市、县(市、区)城镇村庄土地利用状况分析报告。

(3)耕地细化、批准未建设的建设用地、耕地质量等级和耕地分等定级等专项调查成果报告。

# 第二节　成果管理与共享

## 一、"一调"成果管理

广东省"一调"成果管理的内容主要包括汇交、归档和数据安全。

首先,对通过验收的广东省"一调"成果按照由县(市、区)、地(市)、省(自治区、直辖市)、国家四级逐级汇交的程序进行管理。根据各级成果内容和要求,由下级土地调查领导小组办公室汇交至上级土地调查领导小组办公室,具体包括县级和市(地)级、省级的外业调查成果、数据成果、图件成果、表格成果以及文字成果等。

其次,广东省"一调"成果属于长期保存的档案资料,应按档案管理有关要求进行归档、保存、管理。原则上应归档一份土地调查档案材料,而对于使用频率高的档案材料可根据需要复制副本,供日常借阅使用。

最后,各级汇交的土地调查成果的管理按照相关的档案管理和数据库管理的规定执行,确保数据的安全性和保密性。

## 二、“二调”成果管理

### (一)汇交

对通过验收的广东省“二调”成果按照由县(市、区)、地(市)、省(自治区、直辖市)、国家四级逐级汇交的程序进行管理。

具体步骤:第一,县级第二次土地调查领导小组办公室按照成果要求进行验收整理后,汇交到市(地)级第二次土地调查领导小组办公室;第二,市(地)级第二次土地调查领导小组办公室对成果资料进行整合后,汇交到省级第二次土地调查领导小组办公室;第三,省级第二次土地调查领导小组办公室对成果资料进行整合后,汇交到全国土地调查领导小组办公室。

按各级成果管理要求,由下级土地调查领导小组办公室汇交至上级土地调查领导小组办公室,具体汇交内容包括县级和市(地)级、省级的外业调查成果、数据成果、图件成果、表格成果以及文字成果等。

### (二)归档

广东省“二调”成果属于需要长期保存的档案资料,应按档案管理有关要求进行归档、保存、管理。

土地调查档案材料由当地国土资源管理部门归档保存。汇交成果由接收部门负责归档。广东省土地调查数据库按照《第二次全国土地调查技术规程》(TD/T 1014—2007)提出的要求,由三级国土资源管理部门进行建设。

原则上归档一份土地调查档案材料,对使用频率高的档案材料可根据需要复制副本,供日常借阅使用。

### (三)数据安全

各级汇交的土地调查成果的管理按照相关的档案管理和数据库管理的规定执行。

(1)数据库加密保护。数据库要在操作系统和数据库管理系统(database management system,DBMS)的支持下,对文件或记录进行加密保护,防止数据被破坏。

(2)数据存取控制。采用用户识别、密钥识别、个人特征标识和用户权限控制等技术措施进行保护,以防止数据被非法存取、使用和复制。

(3)管理措施。各级第二次全国土地调查部门要制定相应规章制度和各种意外事件的应急计划,并监督执行有关规章制度。

(4)法律保护。对有关违法行为,按《中华人民共和国计算机信息系统安全保护条例》(国务院令第147号)的规定处理。

(5)对调查承担单位的保密规定。在实施土地调查工作中,承担单位应严格遵守以下保密规定:①承担单位不得复制和涂改土地调查原始资料,应妥善保存,如有丢失追究相关责任;②承担单位在土地调查工作完毕后,应在规定时间内归还土地调查的原始资料;③承担单位不得复制、转让国土资源管理部门的电子数据,待验收后全部移交国土资源管理部门。

## 三、"三调"成果管理与共享

### (一)成果管理

#### 1. 成果汇交

对通过验收的广东省"三调"成果按照县(区、市)、市、省、国家四级逐级汇交的程序进行管理。具体步骤:第一,县(区、市)三调办按照成果要求进行整理后,汇交到地级以上市三调办;第二,地级以上市三调办对成果资料进行整合后,汇交到省三调办;第三,省三调办对成果资料进行整合后,汇交到全国三调办。

#### 2. 成果归档

广东省"三调"成果属于需要长期保存的档案资料,应按档案管理有关要求进行归档、保存、管理。"三调"档案材料由当地自然资源主管部门归档保存。汇交成果由接收部门负责归档。原则上归档一份"三调"档案材料,对使用频率高的档案材料可根据需要复制副本,供日常借阅使用。

#### 3. 数据安全

各级汇交的"三调"成果的管理按照相关的档案管理和数据库管理的规定执行,基本要求如下。

(1)数据库加密保护。数据库要在操作系统和数据库管理系统(DBMS)的支持下,对文件或记录进行加密保护,防止数据被破坏。

(2)数据存取控制。采用用户识别、密钥识别、个人特征标识和用户权限控制等技术措施进行保护,以防止数据被非法存取、使用和复制。

(3)管理措施。各级三调办要制定相应规章制度和各种意外事件的应急计划,并监督执行有关规章制度。

(4)法律保护。对有关违法行为,按《中华人民共和国计算机信息系统安全保护条例》(国务院令第147号)的规定处理。

(5)对调查承担单位的保密规定。在实施"三调"工作中,承担单位应严格遵守以下保密规定:①承担单位不得复制和涂改"三调"原始资料,应妥善保存,如有丢失追究相关责任;②承担单位在"三调"工作完毕后,应在规定时间内归还国土调查的原始资料;③承担单位不得复制、转让电子数据,待验收后全部移交数据保管单位。

### (二)成果共享信息平台建设

(1)县(区)级信息平台建设。县(区)级国土调查成果管理信息平台建设的基本目标是实现对城镇和农村土地利用现状调查成果、权属调查成果和专项调查成果的综合管理,实现国土调查成果和专项调查成果的集成管理、动态入库、综合查询、统计汇总、数据分析、快速服务等功能。

(2)市(地)级信息平台建设。市(地)级国土调查成果管理信息平台建设目的是在对县级国土调查数据库质量检查的基础上，组织县级数据接边，开展对县级数据的集成整合，建立市级国土调查数据库及其数据库管理系统，实现“三调”数据在市级层面上的集成管理及综合应用。

以县级辖区为基本单元，根据市级的自然资源管理模式，构建相应的市级国土调查数据库管理系统，对国土调查数据库成果进行统一管理与检查，实现国土调查成果的集成管理、动态入库、综合查询、统计汇总、数据分析、快速服务等功能，为县级国土调查数据库的备份、更新、维护、应用和上报等日常工作提供系统支持。

### (三)省级国土信息平台建设

省级数据管理系统包含桌面端和网页端，桌面端针对“三调”数据更新维护、专项数据库管理、数据分析等数据库管理模块进行集成开发，针对耕地细化调查专项数据库、建设用地专项数据库、耕地质量等级和耕地分等定级专项数据库各开发子模块进行更新维护管理，实现对城镇和农村土地利用现状变更调查成果、权属变更调查成果的综合管理，实现数据成果的规范性检查、数据转换、数据入库、增量更新、数据编辑、集成管理、综合查询、专题管理、数据分析、成果分发等功能。网页端则集成到数据分析与共享服务平台中。

## 第三节　调查成果应用

### 一、“一调”成果的应用

广东省“一调”查清了广东省辖区内土地的类型、数量、分布、利用状况，并对此做出了科学的评价，为正确分析农业生产水平、合理制定用地指标、制定国民经济计划和有关政策提供了科学的依据，为农业区划、国土整治、规划，因地制宜指导农业生产，建立土地统计、登记制度，全面管理土地等多项工作提供服务。

### 二、“二调”成果的应用

广东省通过“二调”获取了以土地调查数据库为核心的丰富成果，这些成果在经济社会发展和国土资源管理中得到广泛应用。各地在开展“二调”工作过程中，也及时将已通过审核的“二调”成果应用到新一轮土地利用总体规划修编、耕地保护目标责任考核、建设用地审批、节约集约用地示范省建设等各项土地管理工作中，为提高土地利用效率、调处土地权属争议、实施土地用途管制和土地利用动态监测等提供准确的基础数据和技术支持。同时，现势性较强的“二调”成果也为国家资产管理、农业管理、银行信贷管理、市政交通管理、城市规划、灾害预防等相关行业和部门提供了权威、基础的信息支持。

### (一)土地资源管理

广东省“二调”成果在土地管理工作中为农用地转用审批、土地征收、土地登记、土地规划、违法用地执法监察、土地开发整理复垦等提供基本数据。同时,在耕地质量等级变化监测、农用地分等定级估价、土地开发、节约集约用地分析与评价、依法查处违法用地等土地资源管理工作中也发挥了充分的作用。

### (二)城乡基本建设

广东省“二调”不仅完成了农村土地调查,还按照要求进行了城镇土地以及专项用地调查统计,部分地区按地籍调查标准完成了城镇土地调查。这些调查成果中包含了商服用地、工矿仓储用地、住宅用地、公共管理与公共服务用地、特殊用地和包括街巷用地等的交通运输用地等的用地类型、数量、分布与权属等现势性数据,可为市政交通管理、城市规划、灾害预防等相关行业和部门提供基础数据,在“三旧”(旧城镇、旧厂房、旧村庄)改造、输水输电燃气管线铺设、园林绿化、防减灾工程等的规划、设计与工程实施中得到应用。

### (三)宏观管理决策

广东省“二调”成果充分反映了各地土地资源及其利用的现状、水平与问题等,在土地资源管理作为国家实行宏观调控重要途径的情形下,“二调”成果也为广东省各级政府和相关部门进行宏观决策,制定区域发展规划尤其是科学编制“十二五”规划提供了现势性强、数字化的数据与图件成果资料。

### (四)社会管理应用

广东省“二调”成果不仅包含了土地利用类型、面积、分布等数据,还有丰富的现势性较强的正射影像图等基础地理底图,城镇地籍数据等,这些成果将为公安 110 报警定位、巡查、户籍管理、消防指挥、事故处理等社会管理业务提供基础空间信息。

### (五)资源保护利用

广东省“二调”成果中的土地分类是按国家技术标准统一分类的,通过“二调”所获得的各类土地面积数据,为国土资源管理、农业规划、基本农田保护、“菜篮子”工程等提供基础数据,同时也是各地确定生态用地类型与规模、分析环境承载能力、制定生态环境保护规划、进行生态建设工程设计和开展生态环境工程建设所必需的基本依据。

### (六)信息化建设

广东省通过“二调”建立了省、市、县各级土地利用数据库及其管理信息系统,为国土资源管理的信息化建设奠定了重要的基础。土地利用数据库及其管理信息系统更是建设全国“一张图”工程的重要基础,将全面提升国土资源管理工作的水平。

## 三、“三调”成果的应用

广东省“三调”以需求为导向，以共享为原则，以应用为追求目标，通过健全国土数据库和管理系统，提升数据服务水平和能力，尽可能满足各部门管理和经济社会发展的需要。以往的土地调查成果主要应用于国土资源管理的规划编制、用地审批、耕地保护、土地利用、登记发证等内部的各项管理业务中。通过建立土地调查数据及专项调查数据分析与共享服务平台，使数据成果应用范围更广泛。广东省“三调”成果主要应用在以下几个方面。

### （一）国土空间规划

（1）广东省充分应用“三调”成果，深入研究粤港澳大湾区背景下珠三角空间发展面临的新责任和新机遇，落实《粤港澳大湾区发展规划纲要》提出的“构建极点带动、轴带支撑网络化空间格局”的部署，提出粤港澳合作共赢的空间发展思路，以高站位、宽视野的发展思路谋划粤港澳大湾区建设，全力推动建设国际一流湾区和世界级城市群。

（2）落实省委省政府决策部署，推动形成由珠三角核心区、沿海经济带、北部生态发展区构成的“一核一带一区”区域发展新格局。落实省委“1＋1＋9”工作部署，重点研究解决粤东西北地区与珠三角地区发展差距大的突出问题的方法，提高发展的平衡性和协调性。

（3）突破行政区划局限，明确以主体功能区战略为主导的区域发展新战略，制定差异化、精细化的区域空间政策，科学有序布局生态、农业、城镇等功能空间。

（4）利用“三调”成果推动国土空间治理体系和治理能力现代化，强化规划权威性，实现“多规合一”，有效解决以往规划科学性不强、衔接不够、执行刚性约束不足等问题，加快建立国土空间规划体系，形成全省国土空间开发保护“一张图”，统筹和平衡各相关专项领域的空间需求。

### （二）自然资源管控与利用

（1）基于广东省“三调”成果，构建以国土空间规划为基础，以统一用途管制为手段的国土空间开发保护制度，依托国土空间基础信息平台实施国土空间监测预警和绩效考核机制，全面提升国土空间治理体系和治理能力现代化水平。

（2）基于“三调”成果了解广东省存量用地基本情况，总结存量用地再开发方法及实践经验，分析土地节约集约利用潜力，提出存量用地再开发利用的重点区域和主要方案，提升用地效率。

（3）将新增建设用地审批界线落实在土地调查成果上，查清批准用地范围内未建设土地的实际利用状况，为持续开展批后监管，促进土地节约集约利用打好基础。

（4）综合考虑地质条件，研究城市地下空间开发利用总体格局与管理机制，集约高效利用城市地下空间。同时，提出全省矿产资源和能源需求，研究提出保障广东省经济社会发展的战略性矿产资源和能源需求的对策、措施和实施路径。

### (三)土地权属确认与保护

保护产权是坚持社会主义基本经济制度的必然要求，土地和矿产是人民群众和企业的重要财产权益。国土资源领域重大改革、征地拆迁补偿、保障性住房用地保障、农村宅基地管理、土地整治、矿产勘查开发、地质灾害防治、执法督察等工作，均与人民群众和企业利益息息相关。广东省基于“三调”成果，查清土地权属状况，巩固并完善现有各类不动产确权登记成果，为有效保护广东省人民群众合法权益和企业利益，及时调处各类土地权属争议，积极显化农村集体和农民土地资产，维护社会和谐稳定打好了坚实的基础。

### (四)美丽广东建设支撑

塑造高品质国土空间，支撑美丽广东建设。广东省基于“三调”成果，结合广东的自然资源特征和经济社会发展实际情况，开展广东省自然保护地适宜规模、自然保护地体系类型结构、空间布局等研究工作。具体研究工作内容如下。

(1)解决生态、城镇、农村、海岸带等不同类型空间存在的生态环境问题。

(2)推进南粤古驿道活化利用。

(3)开展山水林田湖草的系统治理和修复工作。

(4)系统分析广东省国土空间开发和资源利用存在的问题，重点对广东省土地利用绩效进行评价，提出符合高质量发展要求的资源利用方式，以及促进规划从“增量”转向“存量”的实施路径和政策抓手。

(5)系统分析广东地域文化特征，从塑造大地景观、活化历史文化游径、保护生态基底、建设美好人居环境角度，提出不同区域、不同尺度的自然生态、农业农村、历史人文等景观风貌的规划建议和管控要求。

(6)提出高品质活力空间和宜居生活圈的公共服务建设标准和思路。

(7)从资源保护利用角度，提出对历史文化名城、名镇、名村、历史街区、历史建筑实施保护和利用的指导意见和规划建议。

### (五)大数据服务支撑

广东省以“三调”成果为基础，统一采用2000国家大地坐标系，开展资源环境承载能力和国土空间开发适宜性评价，依托广东省省级大数据中心，整合和挖掘各部门、各行业空间数据成果，统一基础数据、搭建信息平台。

(1)对“三调”数据、各类统计数据、城市运行数据、各类空间性现状及规划数据等进行规整和坐标校正，统一数据标准。

(2)对国土空间规划成果及核心过程数据按标准进行规整入库，并向自然资源部及时汇交数据。

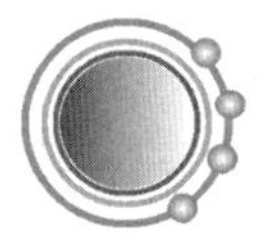

# 第六章　总结与展望

## 第一节　广东省土地调查技术总结

随着科技的不断进步，土地调查的技术手段和方法也越来越科学、先进。相比“一调”和“二调”的技术方法，近年来随着国产卫星的迅速崛起、遥感影像分辨率的提高、信息化调查的发展以及大数据、云计算、“互联网＋”等新技术的不断进步，广东省“三调”工作全面采用“互联网＋”技术，充分利用信息化建设手段，在完成国家基础任务的基础上，积极探索多种测绘新技术，助力广东省“三调”向高效、精准、精细化方向更进一步。主要体现在以下几个方面。

### 一、创建“先内后外、省级统筹”的新作业模式

广东省“三调”工作在技术路线和工作流程上大胆尝试、勇于创新，充分发挥省级技术单位在数据资料储备和技术人才储备方面的优势，提出了“先内后外、省级统筹”的技术路线和工作模式。

(1)技术路线方面。充分利用省级技术单位现有的基础数据和优势技术力量，提出了先由省级技术单位完成省级初始库的建设，再由地方技术单位开展外业举证调查的技术路线，提高了工作效率，保障了数据生产的成果质量。

(2)工作组织模式方面。采取了“省级统筹”的分工模式，从省级技术单位抽调精干技术力量，完成初始库数据生产、外业举证成果审核和调查数据库质量检查；充分发挥省级队伍的技术优势，统一组织、统一实施、统一质量检查；降低了县级单位工作实施的技术难度，减轻了地方部门的工作压力；确保了成果质量和要求的一致性，降低了管理成本。

### 二、实行“分阶段、全过程”的分级质量控制

基于“先内后外、省级统筹”的技术路线和组织分工，广东省“三调”工作在成果质量检查和管控模式方面提出“分阶段、全过程”的分级质量控制模式。“分阶段”质量控制模式有效地降低了生产过程中的传递风险，能够第一时间将可能存在的错误和风险扼杀在初始阶段。当前生产环节的成果只有在通过省级质量检查队伍的审核后，方可开启下一阶段的生产任务。全流程生产环节的质量管控能够有效地提高生产质量。此外，省级主管调查部门统一下发各类免费的生产软件和质量检查软件，将质量检查工作前移到地方实际生产一线，有效

地提高了地方技术单位上报成果的数据质量。同时，从省级技术单位抽调技术骨干组建专门的质量审查队伍，基于统一的质量检查标准和作业流程进行质量管控，有效提高了生产成果的质量，使广东省上报国家的国土调查成果一次性通过率全国领先。

### 三、采用“自动化、智能化”的质量检查手段

广东省在“三调”过程中，大量借助专门化的软件信息系统，极大地提高了工作效率和成果质量。其中，省级初始库建库软件、外业调查及举证 APP、县级国土调查数据建库软件的研发工作提高了成果的规范性，基于人工智能方法研发的质量检查软件极大地提高了质量审查的工作效率和规范性。各类自动化、智能化软件在国土调查全过程中的广泛使用为广东省在本次国土调查中按时、保质完成任务奠定了重要的技术基础。

### 四、充分利用新型测绘信息化技术

近年来，测绘技术发展日新月异。以激光雷达、航测无人机为代表的现代化测绘技术使得国土调查的成本进一步降低，效率进一步提高。在广东省“三调”工作中，航测无人机技术、高分遥感影像和激光雷达技术得到了全面应用。其中，利用激光雷达技术首次完成了全省 2m 分辨率 DEM 数据的生产。航测无人机则在外业举证和补充调查等方面得到了充分应用。新型测绘技术的广泛应用，在降低了生产成本的同时，提高了生产效率和成果精度。

### 五、强化数据集成管理服务共享应用

为满足“三调”数据在自然资源调查监测评价、互联网＋政务服务等领域多维共享交互、专题应用服务的需求，广东省技术部门通过动态服务和瓦片服务的无缝集成技术，构建了集数据多维分析、协同共享、实时监测于一体，具有强大二次开发能力的“三调”数据管理服务平台，形成国土资源大数据强大的分析决策和服务支撑能力。全省以“三调”数据为支撑，对接省级自然资源大数据平台，构建跨部门、跨业务的省、市、县三级互联共享的网络化管理系统，搭建了行之有效的政务网共享服务流程，为国土、房产、林业、海域等相关行业部门提供信息共享服务，满足不同主管部门对土地利用现状、专项调查等数据的共享需求，切实提高了对编制国民经济和社会发展规划的辅助支撑能力，提高了信息互通和资源共享程度，增强了快速反应、科学决策、综合处置的能力。

## 第二节　广东省土地调查工作展望

在现有数据资源和技术的基础上，广东省今后将进一步探索土地调查的新技术、新方法，提高调查作业的质量与效率，为进一步做好国土资源管理等相关工作提供技术支撑和保障。

## 一、实现高分遥感影像在国土调查监测中的全面应用

高分辨率遥感影像在国土调查、监测中的广泛使用，有效保障了调查成果的精度和质量。为了保证广东省土地利用变更调查和监测的质量，建议在广东省土地利用变更调查和监测中全面应用高分遥感影像处理与信息提取技术。根据国家下发的高分遥感影像，以及广东省自然资源管理的现实需求和优势条件，争取专项经费支持，在广东省土地利用变更调查、监测工作中，实现全面使用高分遥感影像处理与信息提取技术，保证变更调查和监测成果的质量与精度。

## 二、加强新型测绘装备和技术在国土调查监测中的应用

近年来，以激光雷达、无人机航测平台、车载测绘平台为代表的测绘装备以及相关测绘技术发展迅猛，日新月异。测绘装备和技术越来越朝着自动化、智能化的方向发展，不仅大幅降低了国土调查数据获取的成本，同时也极大提高了数据获取的效率和精度。因此，建议密切跟踪新型测绘装备和技术的发展前沿，积极探索新装备和新技术在广东省未来的土地利用变更调查和监测中的应用方法。

## 三、发展智能化数据生产和质量检查技术

在国土调查数据生产、外业举证和质量管控设计中存在大量重复性的工作。在本次国土调查中，人工智能在外业举证相片的自动、智能化分类和识别方面表现出了较好的应用前景。因此，建议针对土地利用变更调查和监测中的数据生产和质量审查的具体需求，进一步发展基于人工智能的数据生产和质量检查技术，推进人工智能在土地利用变化图斑的判读、外业举证相片的自动识别、质量自动检查和智能化纠正等方面的应用，为下一轮国土大调查提供技术储备。

## 四、拓展国土调查成果的应用范围

广东省加强各级国土调查成果数据库和信息共享平台的建设，为土地综合整治、国土空间规划、城乡建设用地增减挂钩、生态修复等自然资源管理工程决策提供可靠、及时的决策依据，充分发挥国土调查成果数据的经济效益和社会效益。

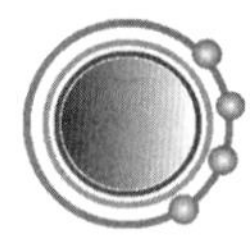

# 主要参考文献

中华人民共和国国土资源部,2007.第二次全国土地调查技术规程:TD/T 1014—2007[S].北京:中国标准出版社.

国土资源部信息化工作办公室,2007.土地利用数据库标准:TD/T 1016—2007[S].北京:中国标准出版社.

国土资源部信息化工作办公室,2007.城镇地籍数据库标准:TD/T 1015—2007[S].北京:中国标准出版社.

全国国土资源标准化技术委员会,2019.第三次全国国土调查技术规程:TD/T 1055—2019[S].北京:中国标准出版社.

全国自然资源与国土空间规划标准化技术委员会,2020.国土调查数据库标准:TD/T 1057—2020[S].北京:地质出版社.